Autodidacta
No. 902
Sonderband

Die Autodidacta-Serie

ist eine Sammlung der besten Vorträge des Astrologisch-Psychologischen Instituts (API), die im Rahmen der Seminarien und Kurse gehalten wurden. Sie dienen der Vertiefung und Erweiterung des astrologischen Studiums und sind auch für Anfänger geeignet. Einige Autodidacta-Autoren schaffen Bindeglieder zu anderen astrologischen Betrachtungsweisen und Querverbindungen zu angrenzenden Wissensgebieten.

Bis 1984 sind 20 Studienhefte mit verschiedenen Themen im DIN-A 4 Format erschienen. Sie sind in diesem Format nicht mehr erhältlich.

Ab 1980 erscheinen die astrologischen Studienhefte im handlicheren A-5 Format. Dies gilt auch für die **Sonderbände,** die wichtige Themen der regulären Kurse des Astrologisch-Psychologischen Instituts enthalten.

Eine Liste finden Sie am Schluss dieses Buches.

Der Text des vorliegenden Autodidacta-Sonderbandes ist aus Tonband-Niederschriften entstanden, weshalb der Schreibstil einige Male ändert. Es ist ein didaktisches Lehrbuch der Astrologischen Psychologie und erhebt nicht den Anspruch, ein literarisches Werk zu sein.

Bruno Huber

Die Persönlichkeit und ihre Integration

Astrologische Psychosynthese

bearbeitet von Dieter Depta und Louise Huber

Verlag Astrologisch-Psychologisches Institut
Adliswil / Zürich

Verlag Astrologisch-Psychologisches Institut
CH-8134 Adliswil/Zürich
© 1984 Bruno Huber
Graphik: Michael - A. Huber
Zeichnungen: René Röthlisberger
Herstellung: ARPA-Druck, Langnau / Zürich

ISBN 3 85523 902 9

Inhaltsverzeichnis

Einleitung 9
Die drei Hauptplaneten als Persönlichkeitsträger 13
Bild: Planetentafel 14
Begriffsklärungen 17

Das Ich als dreifache Persönlichkeit 23
Die Sonne 23
Der Mond 25
Der Saturn 27

Stark- und Schwachstellungen der Ich-Planeten 31
Ermittlung der Stark- und Schwachstellung 32

Die Entwicklungsstadien des Ich in der Altersprogression 37
Lebensabschnitte und die Zuordnung der Ich-Planeten 45

Das Familienmodell 51
Die hierarchische Ordnung 60
Hinweise zur Praxis 65
Die Elternrolle 65
Die Rolle als Kind 68
Die Aspekte 69

Leitbilder des Ich-Bewusstseins 73
Das väterliche Leitbild (Sonne) 74
Das mütterliche Leitbild (Saturn) 76
Sonne und Saturn auf der Kontaktebene 79
Das Kind-Leitbild (Mond) 83

Aspekte zwischen den Ich-Planeten 87
Blaue Aspekte 88
Rote Aspekte 89
Grüne Aspekte 89
Keine Aspekte 92

Praktische Beispiele 93
Edgar Cayce 93
Albert Schweitzer 100

Astrologische Psychosynthese 103
Die drei geistigen Planeten: Uranus, Neptun, Pluto 104
Die Konstitution des Menschen 107
Bild: Die Flasche 108
Aspekte mit geistigen Planeten 118
Die Rolle Saturns für die geistige Entwicklung 122
Integration und Psychosynthese 124
Der Alterspunkt und die geistigen Planeten 127

Horoskope ohne geistige Planeten 128
Der Autor 129
Albert Einstein 131
Ulrike Meinhoff 132

Die geistigen Planeten als Leitbilder der Menschheit 139

Planeten-Symbole

Sonne	☉	♂	Mars
Mond	☾	♃	Jupiter
Saturn	♄	⛢	Uranus
Merkur	☿	♆	Neptun
Venus	♀	♇	Pluto

aufsteigender Mondknoten ☊

Zeichen-Symbole

Widder	♈	♎	Waage
Stier	♉	♏	Skorpion
Zwillinge	♊	♐	Schütze
Krebs	♋	♑	Steinbock
Löwe	♌	♒	Wassermann
Jungfrau	♍	♓	Fische

Aspekte

grün	Halbsextil	30 Grad-Winkel	⚺
	Quincunx	150 Grad-Winkel	⚻
blau	Sextil	60 Grad-Winkel	⚹
	Trigon	120 Grad-Winkel	△
rot	Quadrat	90 Grad-Winkel	□
	Opposition	180 Grad-Winkel	☍
orange	Konjunktion	0 Grad-Winkel	☌

Makro- und Mikrokosmos

»Ultrisque cosmi historia«
Robert Fludd, 1617

Einleitung

Wenn wir uns mit der Persönlichkeit des Menschen und seiner Individualität befassen, stehen uns verschiedene Ortungsbegriffe wie Ich und Selbst zur Verfügung, die auch Wertungscharakter haben. Das ganze Gebiet ist astrologisch wie psychologisch kompliziert und schwierig. Die Begriffe sind ungeklärt, die jeweiligen Schulen verschiedener Auffassung. Die älteren Schulen sprechen von der Persönlichkeit, mehr zum Geistigen tendierende vom Selbst, wieder andere verwenden den Begriff Individuum, Individualität – neuerdings Identität. Die Definition im psychologischen Bereich ist uneinheitlich. Nicht nur die Begriffe, auch die Inhalte sind verschieden.

Fast noch schwieriger ist es in der Astrologie. Hier gibt es, mit ganz wenigen Ausnahmen, keine richtigen Definitionen. Erst die Astrologische Psychologie hat Methoden entwickelt, mit deren Hilfe man im Horoskop die Persönlichkeit, die Individualität und die Ganzheit des Menschen erfassen kann. Der traditionellen Astrologie ist dies nicht möglich, weil sie detailliert vorgeht. Sie hat für alle möglichen Einzel-Charakterzüge oder Charakterpunkte Planeten, Zeichen, Häuser oder auch Konstellationen über Aspekte von Planeten, die Spezielles bezeichnen. Sie ist bis in die Gegenwart eine Sammlung von Einzelteilen, die alle mit der Erscheinung Mensch zu tun haben, sich aber auf die äusseren Charakterzüge, auf die Symptome bezieht. Dazu kommt, dass sie sich bekanntlich nicht nur auf den Menschen anwenden lässt, sondern auch auf Dinge, Zustände, Vorgänge, Ereignisse und ähnliches mehr. Eine geschlossene Konzeption hat sie bis heute nur im Ansatz bei wenigen Autoren. Im europäischen Raum besteht keine wirkliche Übereinstimmung darüber, was eine Persönlichkeit überhaupt ist. Der Mensch als Gesamtwesen wurde immer nur von seinen Teilen her betrachtet.

In den meisten Büchern wird irgend ein Rezept empfohlen, wie das Horoskop bearbeitet werden kann. Dabei wird bei charakteristischen Punkten angesetzt, wie dem Sonnenstand, dem AC usw. Meine Forschungen ergaben, dass ein einzelnes Element der Astrologie kein Persönlichkeitsbild zeigen kann, sondern nur einen Teilaspekt davon.

Eines muss anfangs als Denkgrundlage geklärt sein. Ich unterscheide zwischen der Persönlichkeit als solcher (sozusagen der Oberbegriff) und ihren sogenannten Mechanismen, Funktionsteilen. Die Persönlichkeit ist etwas schwierig Erfassbares, weil sie wesenhaften Charakter hat. Die Funktionsteile (ich wähle bewusst diesen Begriff) sind eigentlich eine komplexe Mechanik, die im Einzelfall immer wieder anders zusammengesetzt ist und wo sich die einzelnen Teile in der Analyse unbedenklich auseinandernehmen lassen. Der Denkapparat eines Menschen zum Beispiel ist nicht die Persönlichkeit, sondern eine Fähigkeit dieser Persönlichkeit, sozusagen ein Werkzeug. Auch die Arbeitskraft, Leistungskraft eines Menschen ist nicht seine Persönlichkeit, sondern ein Merkmal, eine Eigenschaft, eine Fähigkeit dieses Menschen. Solche Mechanismen hat der Mensch viele. Wir haben ja zehn Planeten im Horoskop; jeder für sich ist eine bestimmte Grundfähigkeit oder ein Organ. Jeder ist spezialisiert, um bestimmte Aufgabenbereiche im Leben vollziehen, bewältigen zu können. Man muss also unterscheiden zwischen der Mechanik, die eine Persönlichkeit zur Verfügung hat und der Persönlichkeit selbst mit ihrem Persönlichkeits-Bewusstsein. Das wird im folgenden als Unterscheidung vorausgesetzt bei dem Versuch, die Persönlichkeit mit ihren Stärken und Schwächen im Horoskop zu erfassen.

Natürlich ist die Persönlichkeit keine Konstante. Vor allem gibt es keine Regel, dass Persönlichkeit so oder so sein müsse, sonst wäre es schon nach der Definition keine Individualität. Diese bedeutet etwas Originales, etwas Einzigartiges. Jeder Mensch ist anders strukturiert, verfügt über andere zentrale Substanzen. Deshalb ist er ein Individuum, ein Original. Die Individualität ist immer etwas Besonderes.

Von dem müssen wir ausgehen. Eine Formel lässt sich dazu nicht finden, sonst wäre es ja einfach. Deshalb ist es ausgesprochen falsch zu behaupten, die Persönlichkeit werde hauptsächlich durch den Sonnenstand oder den AC geprägt.

Wir müssen zu ermitteln versuchen, welche Elemente aus dem astrologischen Angebot – 12 Zeichen, 12 Häuser, 10 Planeten, 7 Aspekte – Ausdruck der Persönlichkeit sind. Und dann müssen wir herausfinden, was das Zentrale ist, das die Persönlichkeit anders macht als jede andere. Nimmt man nur den Sonnenstand oder den AC, so ist man z. B. ein Widder. Dieser Widder soll nun als eines von zwölf Tierkreiszeichen die gesamten Möglichkeiten des Menschen im Sinne von Persönlichkeit ausmachen. Damit ist schon die Grenze dieser Auffassung gezeigt. Es ist zu einfach, alle Menschen in zwölf Gruppen einteilen zu wollen. Damit die Individualität zu erfassen, ist nicht möglich. Hinzu kommt die weit verbreitete Auffassung, der Sonnenstand sei persönlichkeitsprägend. Dem muss entgegengehalten werden, dass das in vielen Fällen nicht stimmt. Es ist oft überraschend zu erfahren, dass ein Sonnenzeichen sich bei einer bestimmten Person überhaupt nicht auswirkt. Es kann am Mond liegen, der stärker als die Sonne steht, so dass die Sonne sich gar nicht zeigen kann. Schon da ist ein Ansatzpunkt, wo wir sehen, dass man nicht mit irgendeinem astrologischen Zentralbegriff auskommen kann. Leider hat die Astrologie oft den Fehler gemacht, solche Einfach-Rezepte anwenden zu wollen (z. B. in der Zeitungs-Astrologie).

Wir müssen also herausfinden, wo und an welchen Elementen das Persönlichkeits-Bewusstsein im Horoskop ermittelt werden kann. Es gibt mehrere Punkte, nicht nur einen. Aus den vielen Möglichkeiten setzt sich ein Gesamt-Persönlichkeits-Bewusstsein zusammen, eine Gesamt-Persönlichkeits-Qualität. Ihre spezielle, ganz individuelle Mischung macht es dann aus, dass diese Persönlichkeit von jeder anderen unterscheidbar ist. Sie mag Ähnlichkeiten aufweisen mit dieser oder jener Gruppe. Aber es ist immer eine besondere Mischung, weil sie sich aus mehreren Elementen zusammensetzt.

Die drei Hauptplaneten als Persönlichkeitsträger

Es ist naheliegend, dass wir bei der Suche nach der Persönlichkeit von den Planeten als Organe ausgehen. Sie sind unsere spezifischen Wesensqualitäten. Wir wollen feststellen, ob eines dieser Organe oder mehrere Organe geeignet sind, Persönlichkeitshinweise zu geben oder Persönlichkeitsträger zu sein. Es sind hauptsächlich die drei Hauptplaneten, die dafür in Frage kommen. Früher hat man ja nur die sogenannten Lichter herangezogen, indem man die Sonne den Männern und den Mond den Frauen zuteilte.

In der Mitte der nachstehenden »Planetentafel« erkennen Sie die drei Hauptplaneten. Sie gehören zu dem, was wir als dreifache Persönlichkeit bezeichnen. Sie ist zusammengesetzt aus:
1. Physis, Körper, Bios
2. Psyche, Gefühl, Emotionen
3. Verstand, Intellekt, Vernunft

Dazu verwenden wir die drei Hauptplaneten: Saturn = körperhaft; Mond = Gefühlsnatur und Sonne = Verstandesqualität. Diese drei sind jeweils Sitz eines Persönlichkeits-Bewusstseins. Wir haben also drei Arten von Persönlichkeits-Bewusstsein, die eine Gesamt-Persönlichkeit aufbauen. Unter den drei »Fokuspunkten des Ichs« kann eine deutlich hervorragen, die anderen können an Wichtigkeit zurücktreten. Dann nimmt sich der Mensch in diesem Planeten am deutlichsten wahr.

Planetentafel

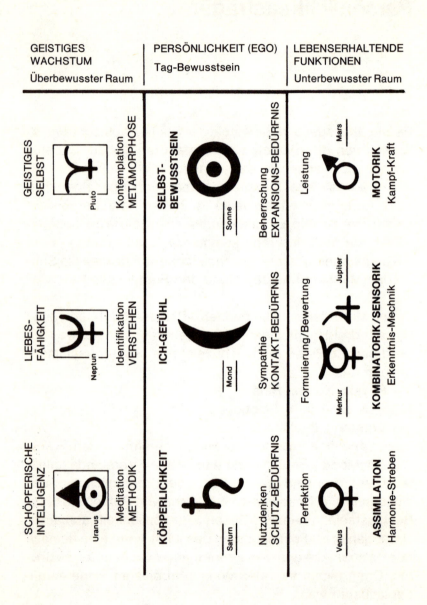

Man kann also in seinem Persönlichkeits-Bewusstsein in einem dieser drei Planeten polarisiert sein, dieser stellt auch den integrierenden Faktor in der dreifachen Persönlichkeit dar. Es ist von grossem Wert zu wissen, welcher der drei Hauptplaneten am stärksten im Horoskop steht und dadurch die Kraft besitzt, die zwei verbleibenden Ich-Pole im Gleichgewicht zu halten, das heisst zu integrieren.

In der Astrologischen Psychologie haben wir spezielle Methoden entwickelt, wie man im Horoskop erkennen kann, welcher der drei Hauptplaneten am stärksten steht und deshalb die Ich-Polarisierung des betreffenden Menschen darstellt. Diese Technik wurde ausführlich beschrieben in dem Buch »Die astrologischen Häuser«, Intensitätskurve, Seite 175-198, oder im Anhang der »Lebensuhr« Band I, Seite 281. Wir werden später noch darauf zurückkommen.

Der Mensch, dessen Sonne am stärksten im Horoskop steht, versteht sich als Verstandesmensch und misst sich mit den Massstäben der Verstandesfunktionen. Ist der Mond stärker, dann ist er mehr im Gefühl polarisiert, alle Gefühlsinhalte und Erlebnisse sind für ihn massgeblich; darin erlebt er sich als Ich. Steht Saturn am stärksten, dann erlebt sich dieser Mensch sehr stark in seiner Körperlichkeit. Er fühlt sich am sichersten, wenn alle körperlichen oder materiellen Funktionen in Ordnung sind.

Alle drei Ich-Funktionen sollen beim erwachsenen Menschen als integrierte Einheit zusammenwirken, das macht dann erst die Autonomie der Persönlichkeit oder der Individualität aus. Um die sich oft widersprechenden Funktionen des Ichs unter einen Hut zu bringen, ist eine besondere Kraft notwendig, nämlich der Wille. Jede integrierte Persönlichkeit hat Willensfähigkeit. Sie hängt von der Ich-Stärke und der Ich-Bewusstheit ab. Will man etwas zustandebringen, muss man einen festen Willen haben. Ist er durch irgendwelche psychische Störungen geschwächt oder ausgeschaltet, dann erreicht ein Mensch nicht das, was er erreichen möchte. Es ist entscheidend, wie gut das Persönlichkeits-Bewusstsein eines Menschen entwickelt ist. Hat er keinen starken Ich-Pol und damit keinen Willen, sind seine Chancen im Leben gering. Die Gesellschaftsform, in der wir leben, sowohl im Osten wie im Westen, bewertet die Persönlichkeit nach ihren Fähigkeiten, die gestellten Aufgaben des Lebens zu erfüllen, nach ihrer Qualität, Substanz, Kraft und Zuverlässigkeit. Deshalb ist es entscheidend zu erkennen, wie stark der Mensch sich selbst kennt, inwieweit er auf sein Ich bauen kann und ob die Möglichkeit besteht, seine Schwächen zu Stärken werden zu lassen, seine Persönlichkeit zu integrieren.

Unsere heutige Psychologie hat letztlich mit nichts anderem zu tun, als die verschiedenen Grade von Ich-Schwächen, Minderwertigkeits- oder Superioritätskomplexen oder andere Schädigungen des Selbstbewusstseins zu messen und festzustellen, woher das kommt. Es ist eine anerkannte Tatsache, dass mit Ausnahme der ererbten psychotischen Formen, alle psychischen Krankheiten mit irgendwelchen Schwächungen oder Krankheiten des Ichs zu tun haben. Wie oft kann sich die ursprüngliche Konstitution des Menschen durch die Einwirkungen des Milieus und der Erziehung in der Jugend nicht so entfalten, wie sie angelegt ist. Entweder wurde sie nicht akzeptiert, nicht gefördert, zurückgewiesen oder in falsche Kanäle gelenkt und hat deshalb auf bestimmte Druckmomente psychische Abwehrmechanismen entwickeln müssen, die zum zentralen Problem für eine freie Wesensentfaltung werden.

In unserer heutigen Zeit ist es aber wichtig, ein starkes, gesundes Selbstbewusstsein zu haben. Nur ein solcher Mensch wird vorankommen und auch Erfolg haben. Es hängt weitgehend von der Stärke oder Schwäche seiner Persönlichkeit ab, ob er zielgerichtet seine Kräfte im Leben einsetzen kann und selbstbestimmend ist, oder ob er das Opfer der Umstände ist und bleibt. Jeder sollte auf ganz persönliche, höchst originelle Weise sein Lebensschicksal in die Hand nehmen können. Deshalb gibt es auch keine allgemein gültigen Erfolgsrezepte, wie sie in den Büchern stehen. Erfolg ist, vom einzelnen Individuum aus gesehen, nur möglich bei einer ganz persönlichen Methode. Lebensfähigkeit und Steigerung des Erfolgs im Leben hängt vom Zustand der Gesundheit des Ichs ab. Deshalb ist das individuelle Horoskop eine der besten Diagnose-Möglichkeiten für einen Menschen, der auf der Suche nach seinem Selbst ist, herauszufinden, welchen Weg er einschlagen sollte, um ein ganzer Mensch, ein Individuum und damit erfolgreich zu werden.

Begriffsklärungen

An dieser Stelle müssen wir ein paar Begriffe kennenlernen, wie: Ich, Ich-Bewusstsein, Persönlichkeit, Individuum, Individualität, Identität und Integration der dreifachen Persönlichkeit. Man kann da sehr verschiedene Definitionen geben. Wir müssen die Begriffe aber so definieren, dass wir sie astrologisch brauchen können, dass sie mit dem astrologischen Begriffsschatz in Deckung kommen. Wir können nicht alle möglichen Begriffe integrieren. Manche passen nicht in die astrologische Denkweise, weil sie eine andere Struktur haben, aus der sie entstanden sind. Es kommt hier auf die Messpunkte an.

Sie werden finden, dass ich diese Begriffe gelegentlich gegeneinander austausche. Das mache ich gern, weil ich nicht zu sehr an bestimmten Begriffen kleben möchte. Wir haben die Symbole; daran kann man wachsen und sie besser und tiefer verstehen. An Begriffen bleibt man leicht hängen.

Der Begriff *Selbstbewusstsein* ist einer der geläufigsten. Was versteht man darunter? Selbst – Bewusst – Sein. Es dreht sich alles um mich, ums Selbst. Drei Begriffsinhalte, Selbstbewusstsein als Oberbegriff. Alles, was mit der Selbstbewusstheit zu tun hat und der Fähigkeit, das, was einem von sich selbst bewusst ist, auch zu sein, das hat mit Selbstbewusstsein zu tun. Es ist also eine Fähigkeit, sich selbst zu kennen und auf dem zu beharren, was man selbst tut.

Die Definition ist ziemlich komplex. Sie setzt den Glauben an sich selbst voraus und das Sich-selbst-kennen. Man kann auch sagen: Ich bin, also habe ich ein Recht, Ich zu sein, und die anderen müssen mich als Ich akzeptieren. Viele haben Hemmungen, je einen solchen Gedanken zu pflegen. Man soll doch menschenfreundlich, eigentlich ein Altruist sein, sonst ist man ein Egoist, was meistens negativ bewertet wird. Es ist schwierig, wenn es darum geht, sich zu getrauen, sich selbst zu sein und das womöglich noch zu sagen. Im kollektiv genormten Denken besteht leider noch häufig die Ansicht, es sei schlecht, wenn man selbstbewusst ist, wenn man an sich glaubt und davon überzeugt ist, dass man auch das Recht hat, sich selbst zu sein. Viele schön klingende Theorien aus der Vergangenheit von Selbstlosigkeit, Aufopferung, Dogmengläubigkeit sitzen noch tief in uns drin und halten uns davon ab, das Ich als ein kostbares Gut anzusehen und es vernehmlich und laut zu äussern.

Die Ich-Gesundung und die daraus resultierende Fähigkeit zur Eigenverantwortung ist eines der Hauptanliegen unserer Zeit. Es ist ein Paradigmenwechsel ersten Grades, zu dem wir stehen sollten. In der Vergangenheit war es verpönt, selbstbewusst zu sein. Heute möchten wir alle freie Individuen sein, starke Individuen, die dastehen und sich nicht einfach wegwischen lassen. Wir werden auch stark in diesem Sinne stimuliert, aber uns wird gleichzeitig wieder auf die Nase geklopft. Wenn jemand sagt, man sei ein Egoist, wird man ganz klein. Es ist gar nicht so leicht, ein Ich zu sein. Es ist also wichtig, dass wir lernen, diesen Begriff ohne Scheu zu gebrauchen. Selbstbewusstsein in der ganzen Grösse, die es eigentlich bedeutet.

Nehmen wir den Begriff *Persönlichkeit*. Ihn können wir im Moment nicht abklären, müssen seine Facetten im folgenden zusammenführen. Die Persönlichkeit ist aus verschiedenen Instanzen zusammengesetzt. Sie hat zentrale Instanzen, die Hauptplaneten. Dort sitzt das Ich. Sie hat ausserdem Instrumentarien, Fähigkeiten der anderen Planeten, die mehr oder weniger der Selbstverwirklichung dienen können. Erst das Ganze zusammen macht die Persönlichkeit aus. Astrologisch gesehen, müssen wir immer das ganze Horoskop heranziehen, um einen Menschen voll beurteilen zu können.

Was aber ist das *Ich*? Der wohl schwierigste Begriff. Es ist kein weiter Begriff, beinhaltet eigentlich nur einen Punkt, der entweder keine oder eine grosse Ausdehnung hat – wie man will. Manche sagen, das Ich sei eine Fiktion; andere sagen, es sei das Entscheidende, das Zentrale, von dem alles ausgeht, an dem alles hängt, durch das alles bewirkt wird. In diesem Punkt gibt es den meisten Streit unter den psychologischen Schulen. Manche wollen den Begriff nicht brauchen, er ist ihnen zu ungegenständlich; andere weisen ihn ab aus unterschwellig moralischen Bedenken; andere bauen ihn zu einem Denkmal auf.

Im wesentlichen ist das Ich der Bezugspunkt unseres Bewusstseins, es ist ein Punkt, den man als Nabel der Welt bezeichnen kann. Das Ich sagt von sich: »Ich bin das Zentrum meiner Welt«.

Das bezieht sich auch auf jede kosmische Dimension, zu der der Mensch geistig in Beziehung treten kann. Er kann sich aber auch nur als physischer Mensch in einer physischen Welt verstehen. Dann steht er in gewissem Sinne der Natur nahe, auch den Tieren; er ist dann räumlich und bewusstseinsmässig eingeschränkt. Er kann sich auch psychisch verstehen in einer Gefühlswelt, in der er ganz von seinen Wünschen abhängt. Und er kann sich auch verstandesmässig verstehen, wo er sich mit allem gedanklich frei in Beziehung setzen kann. Vom Ich-Standpunkt aus ist es im wesentlichen unwichtig, woher er seine Bestätigung erhält. Er bleibt das Ich im Zentrum seiner Welt. Es gibt keine zwei individuell gleichen Welten. Sonst hätten wir ja auch gleiche Menschen, den Massen-Menschen, und keine Individuen. Von vielen religiösen, philosophischen, politischen Auffassungen geht der Wunsch aus, diesen Standard-Menschen zu haben, von dem man genau weiss, wie er sich verhält und wie er sich steuern lässt. Diese Auffassung ist vom Kollektivstandpunkt aus eine wünschenswerte Fiktion, wo man aus Sicherheitsgründen versucht, die individuellen Welten in Deckung zu bringen und eine gleiche Welt, eine absolute Welt aufzubauen. Jede private Individualinitiative bedeutet eine Gefahr für den Bestand einer solchen sterilen Welt.

Man sieht ja, wie die Naturwissenschaft versucht, ein abstraktes Weltbild wenigstens theoretisch zu schaffen, das für alle eine absolute Gültigkeit haben soll. Bis heute hat sie Angst, über den Rand dieses Weltbild vorzustossen und lehnt deshalb energisch alle Grenzwissenschaften ab. In der Entwicklung tauchen aber immer wieder neue Dinge auf, die die Dimensionen wieder ausweiten oder die wieder Unter- oder Zwischenschichten aufzeigen, die man bisher nicht entdeckt hat. Ich bin fest überzeugt, dass das nie aufhören wird. Die Welt, die sich die Wissenschaft als endlich vorstellt, ist in Wirklichkeit unendlich und lässt sich nie restlos mit objektivierenden Mitteln erfassen. Der einzelne Mensch hört nie auf, sich eine persönliche Welt zu schaffen, wählt subjektiv von den vorhandenen Möglichkeiten die seinige aus, die Grenzen seiner Welt richten sich nach dem Expansionsradius seines Bewusstseins. Der einzelne Wissenschaftler kann sich durch seine wissenschaftliche Tätigkeit ein umfassendes Weltbild aneignen. Dieses umfassende Weltbild ist er selbst. Er ist sein Weltbild. Er ist auch im Zentrum dieses Weltbildes, das für ihn objektiv und wissenschaftlich ist. Er ist aber noch ein Zentrum, das sich »Ich« nennt. Er kann nicht vermeiden, dass er als »Ich« ein Teil vom ganzen gigantischen Weltgebilde um ihn herum ist. Er lebt mit all den anderen darin, ist einbezogen und ist betroffen von dieser Welt, die er kennt, auch wenn sie noch so gross ist. Jeder ist betroffen. In der Betroffenheit erfahren wir das Ich. Aus unserer persönlichen Reaktion darauf entsteht jene subjektive Welt, die wir selbst erschaffen und die nur uns selbst betrifft. Dort, wo die »Betreffnisse« zusammenfallen, ist ein zentraler Punkt: das Ich. Oder umgekehrt: Von hier aus misst man seine Welt. Man ist da, hat Bezug zu ihr, kann sie mit dem Verstand, dem Gefühl, den Sinnen erfassen. Und sie hat ihre Grenzen, die wir verengen oder erweitern können, je nach dem Vermögen, der Potenz oder Kraft des Gewahrwerdens, Erkennens und der freien Willensentscheidung. Nur aus dem Ich, aus dem Selbst heraus, sind wir in der Lage, uns eine neue Welt zu schaffen.

☉ Am besten ist das in der Astrologie dargestellt durch das Sonnensymbol, ein zentraler Punkt mit dem Kreis herum. Der Punkt ist das Ich, der Kreis die Grenze meiner Welt, meiner Auffassungsgabe und Wahrnehmungsfähigkeit im physischen, psychischen und geistigen Sinne. Irgendwo hat die Erkenntnis von der Welt eine Grenze. Das ist der Ring um den Punkt herum. Das zeigt an, dass das Sonnensymbol ein umfassendes Merkmal der Persönlichkeit ist. Die Sonne als Bewusstseinsfaktor ist am besten geeignet, die Welt und sich selbst wahrzunehmen. Das Ich kann sich klar in der Verstandesfunktion von der Umwelt abtrennen, sich in seiner Mitte erleben, sogar sich beschreiben. Es kann die Welt von diesem Messpunkt aus erfassen, in viel grösserem Rahmen als das mit den anderen Instanzen Mond und Saturn möglich ist. Diese sind mehr auf Greifbares gerichtet, erleben sich in der Nähe stärker als der Verstand. Dieser kann, gelegentlich auch zum Nachteil der eigenen Persönlichkeit, meinen, er käme ohne Körper aus und auch ohne Gefühle. Hier verlässt er aber die gesunde Proportion. Wir können nicht ohne diese drei Instanzen leben. Wir haben sie alle drei. Ich glaube nicht, dass ich den Begriff »Ich« jetzt ein für allemal endgültig definiert habe. Das Ich bleibt jedenfalls ein Phänomen. Es ist flüchtig, geistig und lässt sich körperlich nicht fassen. Der Begriff »Ich« lässt sich nicht gültig abgrenzen, weil er wissenschaftlich sachlich nicht greifbar ist. Für uns ist wichtig, dass wir hier einen zentralen Punkt haben, das Zentrum der subjektiven Welt.

In der Aufklärungszeit und später hat man versucht, die Seele – sie war damals vom Begriff her ungefähr das, was ich als »Ich« definiert habe – im Körper zu finden, dort zu lokalisieren. Inzwischen ist klar geworden, dass sie nirgendwo im Körper sitzt, kein Organ hat. Heute versteht man unter Seele etwas anderes.

Das Ich als dreifache Persönlichkeit

Wie erwähnt, finden wir das Ich bei jedem Menschen in drei Formen des Erlebens, auf drei Ebenen, in der dreifachen Persönlichkeitsstruktur. Man hat ein Ich als physischer, körperlicher Mensch, als psychischer, emotionaler oder Gefühlsmensch und als denkender Verstandesmensch. Das Ich wird sich auf jeder Ebene anders erleben. In der Folge wird es wichtig sein, diese drei Ebenen näher zu erläutern, so dass man bei sich selbst klar unterscheiden kann, in welcher man sich am stärksten erlebt und in welcher man von einer in die andere Erlebnisebene wechselt, ohne es zu merken. Es trägt wesentlich zur Selbstbewusstheit bei, wenn man weiss, wie man funktioniert, wo das Ich hinspringt und wo es festgeklemmt sitzt. Wenn wir unser Ich einsetzen wollen, müssen wir es genau kennen; müssen wissen, zu welchem Verhalten es neigt. Das ist nicht so einfach. Aber da hilft uns das Horoskop, wenn wir die Hauptplaneten anschauen.

Die Sonne

Fangen wir mit dem *Sonnen-Zustand* an, der aus der heutigen Denkweise am vertrautesten zu sein scheint. Es ist das Selbstbewusstsein, wie es im allgemeinen definiert wird: Der Mensch, der Autonomie besitzt, der ein starkes Individuum ist, eine gewisse Persönlichkeitsausstrahlung und auch einen gewissen Erfolg im Leben hat – sonnenhaftes

Selbstbewusstsein. Hier erlebt sich der Mensch, so definieren wir es astrologisch in erster Linie, als ein Verstandeswesen. »Ich denke, also bin ich« (Descartes). Er kann sich selbst beobachten, betrachten, sich geistig ausserhalb seiner selbst setzen und sich beschreiben. Er kann sehen, wie er funktioniert, was, wie und warum er etwas an irgendeinem Ort macht. Er kann mit sich kritisch umgehen, kann sich auch mit seinem Willen ändern, in seinem von ihm gewollten Sinn: Die Möglichkeit ist da, aber individuell verschieden ausgeprägt und begrenzt. Es ist ein bewusstes Sich-selbst-betrachten-können und auch ein Sich-zur-Welt-beziehen-können, wie er das jeweils will. Eine wichtige Funktion: Denn das Von-sich-selbst-wissen ist die Voraussetzung, selbständig zu denken, zu urteilen, Eigenverantwortung zu tragen. Ein Mensch also, der alleine sein kann und von sich als Individualität weiss oder – wenn er es noch nicht weiss – mindestens danach strebt, eine unabhängige, originale Persönlichkeit zu werden, die ihre eigene Art hat und sich dementsprechend ihre eigene Lebensform schafft. Das schwebt dem Individualisten vom Sonnen-Bewusstsein vor und ist in der westlichen Zivilisation ausgeprägt als Grundlage des Denkens, des Sonnen-Selbstbewusstseins. Ein Mensch also, der weiss, was er will und der seine Instrumente kennt, seine Fähigkeiten und seinen Willen gezielt einsetzt.

Vom Willen ist im Zusammenhang mit Sonne fast immer zu reden, d.h. die meisten Menschen, die von sich den Eindruck haben oder überzeugt sind, dass sie ein sonnenhaftes, verstandesmässiges Selbstbewusstsein haben, reden auch immer vom Willen, ob sie ihn haben oder nicht. Sie nehmen an, dass diese Art von Individuum, nämlich das Sonnen-Individuum, einen freien Willen hat und haben muss. »Wenn ich will, dann kann ich« heisst es; »man muss nur die richtigen

Dinge tun« ist das nächste. Also zu dieser Funktion gehört offensichtlich auch das Tun als Ausdruck der Strahlungs- und Verwirklichungskraft. Nicht nur Verstand allein ist massgebend, auch vitale Kraft kommt mit herein und bildet die wesentliche Substanz. Die vitale Kraft, die Strahlkraft, die von der Sonne ausgeht, ist hier ebenso wichtig wie die Bewusstheit oder (im eingeschrankten Sinn) der Intellekt. Unter Intellekt verstehen wir meist den schulischen, akademischen Intellekt, der mit Noten bewertet wird, ein einseitiger und enger Intellekt, der nur auf exakten Fakten beruht. Das ist mit der Sonne nicht gemeint. In der Sonnen-Intelligenz ist die schöpferische Potenz enthalten. Also Vitalschub und Strahlkraft. Diese ist genau so wichtig wie Bewusstheit.

Bei der Sonne steht (siehe Planetentafel Seite 14) Selbstbewusstsein, auch Beherrschung und Expansionsbedürfnis im Vordergrund. Begriffe, die mehr im Bereich der Energie, der Vitalität, des Schubs, der Strahlung liegen.

Man könnte hier weitere wesentliche Begriffe einfügen, die die Form von Bewusstheit, die gemeint ist, weiter fassen als der Intellekt: Mentalität, Denkweise, Denkungsart. Die Mentalität mag Verwandtschaft mit vielen anderen Denkungsarten und Denkweisen des Kollektivs haben, aber sie ist in ihrer Gesamtheit als abgeschlossenes Ganzes prägend für diesen einzelnen Menschen. Die Mentalität zeigt die persönliche Art und Weise des Denkens und ist aus dem Stand der Sonne in einem Tierkreiszeichen ersichtlich.

Der Mond

Nehmen wir als Unterschied zur Sonne das andere Licht, das Nachtlicht, den Mond. Er steht während eines Drittels seiner Gesamtumlaufzeit am Tageshimmel, er ist schwächer in seiner Bewusstseinswirkung, weil er ein reflektiertes Licht zur Erde bringt, und weil er nur durch das Licht der Sonne sichtbar wird. Die Sonne bringt eigenes Licht, hat Strahlung, damit auch eigenen Schub und deshalb auch Willen. Der Mond steht im Gegensatz zum Sonnen-Bewusstsein. Er bezieht Bewusstheit nicht aus sich selbst und nicht durch das Sich-selbst-betrachten, sondern über das »Beschienen-Werden«, das wir als Berührtwerden erleben. Das Mond-Ich sucht Kontakt oder Berührung, so wie der Mond die Berührung mit dem Sonnenlicht sucht. Er leuchtet erst dann, wenn die Sonne auf ihn scheint; sonst ist er eine dunkle Scheibe, wie man bei der Mondfinsternis sieht. Er braucht das Sonnenlicht als Form des Selbsterlebens. Das Mond-Ich erlebt sich also, wenn es berührt wird, nämlich im Kontakt. Deshalb ist es ständig auf der Suche nach Kontakten und will dadurch bestätigt werden.

Der Mond würde nicht sagen »ich denke, also bin ich«, sondern »ich werde berührt, ich fühle, also bin ich«. Berührtwerden durch Hautkontakt oder (auf Distanz) durch anrufen, sprechen. Auf das Ansprechen reagiert das Mond-Ich spontan, und rasch entsteht das Ich als Gemütsregung, als Antwort. Man spürt eine Resonanz, eine Schwingung vom Ich: Das Ich klingt an. So entsteht ein Ich-Erlebnis, das man richtigerweise als Ich-Gefühl bezeichnen kann. So ist das Mond-Ich eine ganz andere Qualität vom Ich als das autonome Sonnen-Ich, das aus sich selbst besteht.

Die Sonne erlebt sich an der Eigenstrahlung, an der Wirkung »ich bin stark, ich habe Einfluss, ich will das oder jenes erreichen, ich lass mich nicht unterkriegen«. Das sind bewusste Funktionen, die mit dem eigenen zentralen Kräftereservoir zusammenhängen. Man kann also sagen, das Sonnenbewusstsein ist autonom, es besteht an sich. Eine Sonne braucht nicht unbedingt andere Menschen, von denen sie Anerkennung bekommt. Sie kann z. B. über sich nachdenken und dann wissen, dass sie ist. Sie kann auch über irgendetwas nachdenken und feststellen »ich denke«. Man hat alle möglichen Funktionen, für die man nicht oder nicht immer eine Bestätigung oder eine Umwelt braucht; man kann sie für sich anwenden. Also ein autonomes Selbstbewusstsein.

Im Unterschied dazu das ambivalente Selbstbewusstsein des Mondes, das die Berührung mit der Umwelt, mit Menschen, Tieren, Pflanzen braucht, sonst nimmt es sich nicht wahr. Deshalb wird ein Mensch, der ein starkes Mond-Ich hat, in eine langsam sich vergrössernde Frustration geraten, wenn er längere Zeit keinen Kontakt hat. Er wird dann alles um der Liebe willen tun und sich auch an widrige Umstände anpassen, um nicht alleine zu sein. Er kann nicht lange ohne Kontakte auskommen. Er hat eben kein autonomes Selbstbewusstsein und ist von den Umständen abhängig. Immer braucht er den Austausch mit der Welt, die Berührung, das Wahrgenommen-werden und das Andere-wahrnehmen, um sich als Ich zu erleben, um festzustellen, dass es ihn gibt. Eine völlig andere Form des Selbsterlebens. (Weitere Definitionen über das »Mond-Ich« finden Sie in der »Lebensuhr«, Band II, Seite 145-152.)

Der Saturn

Die dritte Form ist die *saturnische*. Hier haben wir den Begriff Körperlichkeit. Am intensivsten können wir das Saturnische in unseren Körperfunktionen und dem, was damit zusammenhängt, erleben, nämlich in unserer Fähigkeit, uns sichernd abzugrenzen und uns selbst zu pflegen. Vom saturnischen Selbstwahrnehmen her ist das Ich eine ständige Abgrenzung. Unter Umständen ist das saturnische Sichselbst-wahrnehmen über längere Phasen ein Grenzenwahrnehmen. Wenn man sich erfolgreich schützen kann, so dass niemand über gewisse Grenzlinien näherkommt, so fühlt man sich stark und sicher; das ist saturnisch.

Die Sonne strahlt und schiebt die Welt vor sich her oder verändert sie. Sie strahlt hinaus, nach aussen. Der Saturn dagegen ist defensiv. Solange er seinen Innenraum in Ordnung halten und die Grenzen wahren kann, fühlt er sich sicher und wohl als eine in sich geschlossene Einheit. Er braucht eigentlich keine Umwelt, von ihm aus braucht es sie nicht zu geben. Er baut einen Schutzwall gegen Einflüsse von aussen, Abwehrmechanismen und ergreift Sicherheitsmassnahmen gegen Eindringlinge, um die Immunität zu gewährleisten. Es ist seine Aufgabe, den Körper zu sichern und zu erhalten. Wenn uns jemand berührt und wir sind auf Abwehr eingestellt, dann heisst es »Achtung, Distanz nehmen«; kommt der andere gleich wieder, nochmals: »Distanz nehmen«; beim dritten Versuch: zurückschlagen. D. h. lässt der andere die Absage an die Kontaktnahme hartnäckig unberücksichtigt, muss man aggressiv werden.

Der Mensch hat ausgeprägte, räumlich messbare Distanzen verschiedenen Grades:

> Die kleine Distanz von etwa 30-40 cm ist die absolut letzte Sicherheitszone. Wer darüber hinaus vordringen darf, muss ein sehr lieber Mensch sein, zu dem man absolutes Vertrauen hat, den man körperlich an sich heran lässt.

Die Distanz von 1 m ist die Konversationszone. Wer in der Konversation näher herankommt, will etwas von mir.

Die Distanz von etwa 3 $1/2$ m ist die normale Ruhezone. Sitzt uns jemand über längere Zeit auf 2 m Distanz nahe, werden wir aufmerksam. Das heisst: »Da will jemand etwas von mir«, was, weiss man noch nicht. Jedenfalls hat man die Neigung, seinen Stuhl 1-1 $1/2$ m wegzurücken.

Das sind wissenschaftlich ermittelte Grenzen, Zonen verschiedenen Grades von Vertraulichkeit, die Saturn zulässt. Er hat ein ganzes Sicherheitszonen-System. Die letzte Sicherheitsgrenze ist die Haut. Bis dahin lässt er es nicht kommen, wenn es nicht unbedingt nötig ist.

Wenn wir den Saturn und nicht auch den Mond hätten, dann vermehrte sich die Menschheit nicht. Keiner würde das andere Geschlecht an sich heranlassen, und es gäbe keine Kinder. Dazu braucht es einen Mond, der diese restriktiven Geisteshaltungen aufhebt, die der Saturn erzeugt, der immer absoluten Schutz will.

Den Mechanismus in den Polen Mond und Saturn kann man als »Öffnen und Schliessen« bezeichnen. Der Mond öffnet, sucht die Kontakte, um sich selbst gefühlsmässig zu erleben. Der Saturn schliesst ab: Geht es schief mit dem Kontakt, fühlt er sich bestätigt: »Ich habe ja gleich gesagt, dass das nicht gutgehen kann«, »der ist von der falschen Sorte, der hat das und das im Sinn«. Das sagt er meist schon, bevor der Mond etwas unternimmt. Kommt er mit seinen Sicherheitsmassnahmen zu spät, muss er die Konsequenzen verkraften.

Hier besteht auch ein Zusammenhang, warum wir in der Astrologischen Psychologie den Mond als Kind und Saturn als Mutter sehen. Es ist ein zusammengehöriger Mechanismus. Das Kind (Mond) geht auf Abenteuer aus. Von der Mutter (Saturn) aus gesehen, ist das gefährlich für das Kind. Sie will es beschützen, läuft ihm nach, hält es fest und belehrt es.

Wir erleben diesen Öffnungs- und Schliessmechanismus zunächst als Kind, später als Mutter oder Vater, wenn wir Kinder haben. Unser Gefühl läuft davon und unser Sicherheitsbedürfnis sorgt sich. Zwei Kräfte, die gegeneinanderlaufen. Die Polung oder Polarisierung erleben wir häufig. Wenn der Doppel-Mechanismus keine gesunde Balance findet, sondern Mond oder Saturn sich zu stark auswirkt, kommt es zu psychischen oder gar physischen Erkrankungen. Der Saturn meint: »Ich bin ein abgeschlossener Raum, über den ich selbst verfüge. Draussen ist die feindliche Welt, vor der ich mich vorsehen muss.« Eine wesentliche Voraussetzung dafür, dass wir physisch überleben. Diese Realität zwingt uns zu essen, uns zu pflegen und zu schützen, sonst sind wir existenzunfähig. Erst wenn die materielle Sicherheit des Saturn gewährleistet ist, darf der Mond als Gefühls-Ich »spazieren gehen« oder die Sonne, die an einem anderen, noch extremeren Pol liegt, gewagte Dinge oder etwas ganz Neues unternehmen – was ja immer gefährlich ist, weil man nicht weiss, was herauskommt. Es sind Pole des Ich-Bewusstseins, die auf verschiedenen Ebenen funktionieren. Sie können im Menschen Prozesse auslösen, auch Widerstreit, und sich eventuell festlaufen.

Das alles ist Persönlichkeit und läuft in unserem Innern ab, bei jedem anders. Im Endeffekt ist es der Spiel- und Lebensraum des Ichs, der Persönlichkeit, des Individuums.

Stark- und Schwachstellung der Ich-Planeten

Wir haben bis hierhin allgemeine und grundsätzliche Definitionen gezeigt. Es war nötig, für Persönlichkeit, Individualität und Ich reale Begriffe zu finden, damit wir mit ihnen arbeiten können. Ich habe die drei Hauptplaneten mit hereingenommen und sie definiert.

Im Horoskop müssen wir dann feststellen, wie es um diese drei Persönlichkeitsplaneten bestellt ist – um das Ich. In welcher Weise kann der Mensch zum Zuge kommen, wie kann er sich in seiner Welt betätigen; wie kann er sich mitteilen, manifestieren usw. Das sind spezifische Fragen, bei denen verschiedene Faktoren berücksichtigt werden müssen. Wenn wir fragen: »Wie ist der Zustand der Persönlichkeit«, wenden wir uns an die drei Hauptplaneten. Wir müssen berücksichtigen, in welchen Häusern und Zeichen sie jeweils stehen und wieviele Aspekte und damit Zugänge sie zu den übrigen Planeten haben. Sie sind alle drei Steuerpole der Persönlichkeit und müssen die übrigen Planeten unter Kontrolle halten und sie möglichst im Sinne dieser Persönlichkeit einsetzen.

Durch die Lagerung im Aspektbild oder in den verschiedenen Häusern und Zeichen kann es geschehen, dass diese drei Instanzen verschiedene Ziele verfolgen. Stehen sie in zu verschiedenen Häusern und/oder Zeichen, können sie in konträre Richtungen streben. Das kann zu Zwiespältigkeiten in der Persönlichkeit führen.

Die Ermittlung der Stark- und Schwachstellung

Wir unterscheiden Stark- und Schwachstellungen in den Häusern und in den Zeichen. Die stärkste Stellung im Haus ist an der Hausspitze, die schwächste an den Talpunkten. In den Zeichen steht ein Planet stark um 10-12 Grad und schwach am Anfang und Ende eines Zeichens. Es ist vorteilhaft, diese Regel nochmals nachzulesen im Buch »Die astrologischen Häuser«, Seite 181-197.

Hauptplaneten an der Hausspitze und im Zeichen um 10-12 Grad haben Starkstellungen. Mit ihnen kann man sehr viel anfangen; sie werden von der Umwelt wahrgenommen. Man hat relativ leicht Erfolgserlebnisse, die für die Selbstverwirklichung wichtig sind. Eine Sonne im Talpunkt eines Hauses und am Anfang oder Ende eines Zeichens ist ausgesprochen schwach gestellt; an den Zeichenrändern bekommt sie wenig vitale Kraft (die Zeichen liefern die Energie), und am Talpunkt kann sie wenig nach aussen abgeben, sie wird von der Umwelt nicht gesehen, sie ist nach innen gerichtet.

Ein anderer Fall ist ein Hauptplanet an der Hausspitze und gleichzeitig an den Zeichenrändern. Dadurch entsteht eine gewisse Überbeanspruchung: Der Mensch muss Selbstbewusstsein mimen, weil er zuwenig Substanz hat, um es zu leben. Eine Zeitlang kann das gutgehen. Mit der Zeit aber merken das die anderen und gehen auf Distanz.

Dann gibt es noch den umgekehrten Fall: Eine Sonne

 oder einer der anderen Ich-Planeten steht am Talpunkt in einem starken Bereich des Zeichens. Dieser Mensch hat für sein Selbstbewusstsein genügend Energie vom Zeichen her zur Verfügung. Aber er kommt nirgends an. Er kann machen, was er will, die Erfolgserlebnisse bleiben aus oder befriedigen ihn nicht.

Der vorher genannte (Hauptplanet an Hausspitze und am Anfang oder Ende des Zeichens) kommt mit Bluffen durch, wenigstens für einige Zeit. Dieser (Hauptplanet am Talpunkt und stark im Zeichen) kann dreimal so stark bluffen (oder auch gar nicht bluffen), es passiert immer dasselbe: Man schaut an ihm vorbei. Das tut weh und ist genauso peinlich. Das sind zwei extreme Möglichkeiten. In der Praxis gibt es aber noch vielerlei Mischungen.

Jeder der drei Hauptplaneten muss also auf Stärken und Schwächen untersucht werden. Beim Vergleichen kann man feststellen, welcher am stärksten steht. Steht bei einem Menschen die Sonne am stärksten, so kann man da ansetzen, kann hier wesentliche Selbstbestätigung finden und sich erfolgreich betätigen. Dann gelingt etwas, und das Selbstbewusstsein wird gefestigt. Es kann auch Mond oder Saturn sein, der am stärksten steht. Man muss das Selbstbewusstsein auf die Art betätigen, wie es der stärkste Planet anzeigt, um in Gang zu kommen. Die moderne psychologische Forschung hat ergeben, dass die Stärkung der positiven Seiten eines Menschen viel mehr für seine Selbstentfaltung und für sein Wohlbefinden bedeutet, als die Betonung seiner Schwächen. Auch in der modernen Erziehung bringt die Bestätigung der positiven Anlagen bessere Resultate als die Bestrafungstheorie der alten Schule. Die Selbstbestätigung und die Stärkung der Persönlichkeit hängen eng miteinander zusammen. Es ist ein Integrationsvorgang, wodurch Ich-Probleme beseitigt werden können. Hat man sich einige Zeit betätigt und ist Erfolg schon fast gewohnt, so färbt das auf die anderen zwei Hauptplaneten ab. Sie ziehen mit, Schwächen verschwinden von alleine. Der stärkste Planet schafft immer den Durchstoss, die anderen kommen später mit.

Versucht man es mit den schwächeren Hauptplaneten, so erreicht man nichts. Es bringt nur Frustrationen, keine wirklichen Freuden und Erfolgserlebnisse. Man schürt damit nur die Minderwertigkeits- und Unlustgefühle sowie die Angst zu versagen. Es ist ein befreiendes Erlebnis, wenn wir endlich das sein dürfen, was wir wirklich sind. Dieses Ja-Sagen zu sich selbst ist ein Selbstheilungsprozess und vermittelt die Kraft, am Leben positiv teilzunehmen, sich von unnötigen Ängsten zu befreien und sein Leben selbst schöpferisch zu gestalten. Es hat keinen Zweck, mit dem falschen Planeten ansetzen zu wollen. Der häufigste Fehler: Wer eine schwach gestellte Sonne hat, versucht, eine starke Sonne zu mimen, die er nicht hat. Er hat damit mässigen bis kläglichen Erfolg oder sogar Misserfolg. Man macht sich krank und ist frustriert.

In diesem Zusammenhang folgendes: Ich habe Menschen vorgefunden, die an irgendeinem Punkt ihres Lebens durchdrehten, einen psychischen Schub hatten und von einem Psychiater zum anderen gingen. In den Horoskopen habe ich keine der Stellungen vorfinden können, die nach der klassischen Manier durch Aspekte, Zeichenstellungen usw. darauf hinwiesen. Durch sorgfältige Untersuchung hat es sich gezeigt, dass zuviele Planeten, besonders die Hauptplaneten, in Talpunkten standen und dadurch zu schwach gestellt waren.

Da die Hausstellungen immer mit der Milieueinwirkung zu tun haben, sind diese Menschen falsch erzogen worden und haben nie gemerkt, was ihre wirklichen Möglichkeiten sind. Sie haben an sich selbst vorbeigelebt und sich nach dem Masse gerichtet, das man von ihnen gefordert hat. Lange Zeit haben sie versucht, diese Tatsache zu leugnen, zu kompensieren oder zu überspielen und haben sich damit immer mehr selbst frustriert, immer mehr ihre Kräfte ausgebeutet. Irgendwann war es damit zu Ende. Das hat den Schub verursacht – nicht eine der üblichen Ursachen, wie etwa veranlagte Schizophrenie, sondern durch die Umgebung bewirkte Reizzustände, die eine latente Anlage zum Durchbruch brachten. Es hat daran gelegen, dass zuviele der Planeten, meist alle drei Hauptplaneten, zu schwach gestellt waren und zur Selbstverwirklichung nicht taugten.

Wir alle leben in einem Umfeld. Das heisst aber nicht, dass wir, weil die Umwelt es will, etwas versuchen müssen, was wir nicht können. Es sind spezifische Fehler, an denen man scheitert. Kein Mensch ist in seinen Funktionen frei. Er lebt in einer Welt, die Konditionen und bestimmte Realitäten hat, an denen er sich ausrichten muss. Die Persönlichkeit muss ihrer Art gemäss funktionieren können. Sie muss sich z. B. eingestehen dürfen, dass sie eine schwache Persönlichkeit ist, die nicht mit dem Willen Wände durchstossen kann, wenn jemand aus der Umgebung sagt: »Du musst nur wollen.« Es ist eine Frage der Bescheidenheit und der Ehrlichkeit, dass man erwidert: »Ich kann es nicht, was wollt ihr von mir?« Wenn man es lauthals sagt, hört die Welt eigenartigerweise auf einen, nimmt es einem ab. Versucht man, obwohl man zu schwach dazu ist, es trotzdem, dann schimpft die Welt mit einem, dass man es nicht kann. Durch den unternommenen Versuch gibt man der Welt recht statt sich selbst. Wer überzeugt von sich selbst ist, ob gut oder schlecht, stark oder schwach usw., dem nimmt es die Welt ab. Verleugnet er sich, straft sie ihn, wenn er nicht erfolgreich ist. Genau darum geht es eigentlich. Wenn wir die Persönlichkeit mit ihrer Wertigkeit und ihren Fähigkeiten, ihren Stärken und Schwächen recht erfassen, haben wir die Chance, viel glücklicher zu leben. Denn wenn wir durch unsere Umwelt akzeptiert werden, ist schon der erste Schritt zum Glück getan. Es ist sehr wichtig, dass wir von unserer Umwelt so akzeptiert werden, wie wir sind. Bringen wir es fertig, ohne uns selbst zu verleugnen oder etwas Falsches darzustellen, zu leben, haben wir viel an Voraussetzungen geschaffen, ein erfülltes Leben zu leben.

Die Entwicklungsstadien des Ich in der Altersprogression

Sehen wir nun, was geschieht, wenn ein Mensch sich langsam zu einem Ich-Bewusstsein entwickelt. Die drei Hauptplaneten sind beim erwachsenen Menschen die Pole des Ichs, die Gesamtheit des Persönlichkeits-Bewusstseins. Erst beim erwachsenen Menschen sind sie der definitive Pol. Das ist nicht von Anfang an so. Im kindlichen Stadium müssen sich erst die vier kreatürlichen Planeten entwickeln als Instrumentarien der Persönlichkeit. Die Bildtafel »Planeten« untere Reihe: Venus, Merkur, Jupiter, Mars. Das Ich geht durch Entwicklungsstadien, fängt mit einfachen, primitiven Qualitäten an. Man kann das zeitlich einordnen, vergleichbar mit dem Altersverlauf. Man kann sagen, dass im 1. Haus (1. - 6. Jahr) das Kind durch ein Ich-Erleben geprägt wird, das von Mars und Venus ausgeht. Sie sind unter den alten sieben Planeten die stärksten physischen Pole. Sie prägen unsere gesamten Lebensfunktionen, inklusive unserer Geschlechtlichkeit. Das Kind von 1-6 Jahren erlebt sich primär in seinen kreatürlichen Funktionen (in der Freudschen Psychoanalyse wird unterschieden zwischen Oral-, Anal- und Genitalphase). Wir kennen inzwischen die Bedeutung von Essen und Ausscheiden – Kinder, die mit Kot spielen. Das gehört zur Selbsterfahrung, zum kreatürlichen Sich-körperlich-erleben in seinen Urfunktionen. In der Mitte dieser Phase, etwa ab Talpunkt 1. Haus, mit 4 Jahren, fängt das Kind an, seine geschlechtlichen Mechanismen zu erkennen und damit zu manipulieren. Nicht die Geschlechtlichkeit an sich oder gar die Liebe, nur die Organe, die dazu vorhanden sind. Es macht Erfahrungen mit seinem Körper, der ihm kreatürlich zur Verfügung steht.

In dieser ersten Phase ist es noch wenig der Umwelt zugewandt, ist mehr mit sich beschäftigt. Es nimmt die Umwelt nur insofern wahr, als sie seine Bedürfnisse befriedigt. Sonst wendet es sich ihr nur unwillig zu. Erwartet die Umwelt von einem Kind bis zum 6. Jahr, es soll etwas tun, was nicht zu diesen kreatürlichen Dingen gehört, dann kann es zu Schwierigkeiten kommen, die zu Verbiegungen der psychischen Struktur führen. Denken wir an zu frühes intellektuelles Lernen. In dieser Phase will sich das Kind mit seiner eigenen Körperlichkeit, mit seinen physischen Mechanismen, die es zur Verfügung hat, vertraut machen. Sie allein garantieren den organischen Ablauf des Körpers und gewährleisten Gesundheit. Dazu gehört auch das Spielen. Dabei sammelt das Kind Erfahrungen mit seinem Körper. Auf Bäume klettern, mit dem Hammer umgehen können, sind physische Selbsterfahrungen. Wo das gehemmt oder gar durch anderes verdrängt wird (intellektuelles Lernen), kommt es später beim Erwachsenen zu Störungen und sogar Misserfolgen.

In dieser Phase erlebt das Kind physisch, will alles handgreiflich durch den eigenen Körper erleben. Deshalb geht ein Kind auch in diesem Alter an andere Kinder und Tiere oft mit einer rabiaten Erprobungsfreude heran. Eine sehr wichtige Entwicklungsphase. Wird sie gestört, abgeblockt, verdrängt – durch Vorgriff in die nächste Phase –, kann es zu Störungen kommen. Hier haben wir eine erste Erfahrung des Ichs, aber in einer undifferenzierten, unbewussten Form. Das Kind erlebt sich noch nicht als zentrales Ich, sondern als sich selbst erprobendes Wesen. Alle Möglichkeiten, die es in diesem Körper hat, werden getestet. Erziehung sollte das fördern. Die erste Phase ist also beherrscht durch die Zweipoligkeit Mars und Venus.

Die zweite Phase entspricht etwa dem 2. Haus, dem Alter von 6 bis 12 Jahren. Sie ist beherrscht von Merkur und Jupiter, d. h. jetzt wird die Sinneswahrnehmung (Jupiter) bedeutsam. Das bringt automatisch die Wahrnehmung der Umwelt mit sich. Man kann bei jedem Kind von 4 bis 7 Jahren ein Umschalten von einem starken Egozentrismus auf ein Umwelt-Bewusstwerden feststellen. Es wendet sich Gleichaltrigen und Erwachsenen zu. Fast schlagartig ändert sich das Umgehen mit Tieren. Was vorher fast ein Quälen aus Erprobungsfreude war, ist nun ein Bezug, der wesenhaft ist. Sie bemerken jetzt das andere Leben, das wie sie selbst ist – essen, schlafen, herumgehen kann. Das ist Sinneswahrnehmung! Es öffnet sich gleichsam ein Fenster. Vorher war dieses Wesen in seiner eigenen Physis gefangen, hat sich nur darin erlebt. Jetzt werden die Läden aufgestossen, die Sinne wach und bewusst wahrgenommen. Es besteht das Bedürfnis, mit der Umgebung Kommunikation aufzunehmen. Erst in diesem Alter kommt es auch zu merkurischen Funktionen in einem vom Kind gewollten Sinn. Es fängt an, sich der Sprache bewusst als Kommunikationsmittel zu bedienen. Vorher hatte es wenig innere Beziehung zur Sprache. Nun fängt es zielbewusster an, Lernstoffe zu bewältigen. Es sammelt Wissen über die Umwelt draussen, das es nicht in sich hat. Das Ich erfährt sich in einer neuen Art. Jetzt nimmt es sich wahr im Verhältnis zur Umwelt, zum Du.

Während die erste Phase von 1-6 Jahren primär saturnisch beherrscht war (Saturn – der Körper) und Mars/Venus die Hauptrollen als Organfunktionen, kreatürliche Funktionen, bio-chemische Prozesse und motorische Leistungen spielten, kommt der Mensch von 6-12 Jahren in die Mond-Phase. Sie ist organmässig von Merkur und Jupiter beherrscht. Das Kind wird nun offen für seine Umwelt. Der Mond lernt, sich selbst zu sein. Er (das Mond-Ich) erlebt sich durch die Kontaktaufnahme, durch die Berührung mit der Umwelt. Diese Phase prägt entscheidend das Ich-Erlebnis. Vorher mehr das Sich-selbst-sein, jetzt die Berührung mit der Umwelt. Vorher gegen die Berührung mit der Umwelt, entsteht jetzt ein Bedürfnis nach dieser Berührung in allen möglichen, auch unangenehmen Formen. Berührung ist gut und bestätigt das Ich.

Das Ich erfährt mit dem Mond eine Ausweitung. Das Saturnische war in sich verschlossen, seine Welt war nur so gross wie der Körper und alles, was dazu gehört, wie Absicherung und Pflege. Das Mond-Erlebnis ist im Vergleich dazu riesengross und kann die ganze sichtbare Welt umfassen. Das Kind erlebt sich fast ausschliesslich durch die Kontaktaufnahme mit der Umwelt. Das ist eine ganz andere Art der Ich-Erfahrung, die gewährleistet ist durch die Organe Merkur und Jupiter. Man will über die Umwelt viel wissen. Deshalb ist diese Zeit auch das richtige Schulalter. Schickt man die Kinder frühzeitiger zur Schule, mutet man ihnen etwas zu, was erst in der nächsten Phase fällig ist, in der sich die Organe dafür entwickeln.

Am Ende der zweiten Phase, der vorpubertären Zeit, kommt es zum Erwachen dessen, was man eher als Erotik oder als Liebe bezeichnen könnte, d. h. jetzt fängt man an, das Du sympathisch oder interessant zu finden, das einzelne Du zu lieben oder eine so starke Beziehung zu ihm zu haben wie zu sich selbst. Der Spruch der Bibel »Du sollst Deinen Nächsten lieben wie Dich selbst« steht am Ende des 2. Hauses in der vorpubertären Phase. Hier entsteht der

Schub, der in die dritte Phase hineinführt, die den Menschen mit der Zeit zu einem sozialen Menschen macht. Als Direktwirkung entsteht die Pubertät.

An der Schwelle zur dritten Phase (3. Haus, 12-18 Jahre) kommt es zum erstenmal zum sonnenhaften Sich-selbst-erleben. Das Verstandesmässige entsteht als reine Qualität mit dem Bewusstsein, das in diesem stark bewussten Sinne »Ich« sagt.

In diesem Abschnitt von etwa 12-18 Jahren haben wir das sogenannte zweite Trotzalter: Der junge Mensch pocht darauf, er sei ja eigentlich erwachsen und man müsse ihn ernst nehmen. In der Mitte der dritten Phase (15/16 Jahre) kommt es oft zu Kämpfen zwischen den Generationen, die bis 18 oder länger andauern können, weil die Umgebung das neu entstehende, jetzt selbstbewusste Ich nicht akzeptieren will so wie es ist, sondern es zwangsmässig zuordnen möchte – Du gehörst dahin; kannst nicht mitreden; verstehst nichts davon; musst erst noch reif werden. Das kann in dieser Phase die Weiterbildung der Persönlichkeit gefährden.

Die Ich-Ansprüche, die die jungen Menschen in diesem Alter oft stellen, werden nicht ernstgenommen. Eventuell werden sie brutal zurückgewiesen, was zu Verformungen führen kann in der Weise, dass sie klein beigeben und sich zwangsläufig einordnen. Das ist gefährlich, wenn das Ich sich in der pubertären Phase (12-15 Jahre), nicht voll ausleben kann. Deshalb kommt es oft zu den turbulenten Generationsstreitigkeiten. Die Alten stehen an den Hebeln und weigern sich, den Jungen auch ein paar Hebel in die Hand zu geben. Da kann es zu Grobheiten kommen, die den Jungen die Chance zur wesentlichen Ich-Bildung nehmen oder sie stark einschränken.

In der Folge sind dann die Hauptplaneten wichtig, in ihnen manifestieren sich hauptsächlich die Ich-Funktionen.

Im Alter von 12-18 Jahren lernt der junge Mensch erstmals und bewusst, die Rollenfunktionen in der menschlichen Gesellschaft wahrzunehmen. Denn die Instanzen Sonne, Mond und Saturn sind gleichzeitig die eigentlichen Erwachsenen-Rollenfunktionen, wie sie durch die Begriffe Vater, Mutter, Kind dargestellt sind.

Das Bewusstsein des Individuums spaltet sich jetzt auf in drei verschiedene Rollenfunktionen des Ichs. Jeder Mensch ist gleichzeitig Vater, Mutter und Kind. Im jungen Menschen ist er noch Kind, möchte Vater und auch Mutter werden; wobei noch dahinsteht, mit welcher Rolle (Vater oder Mutter) er sich stärker identifiziert. Gerade in dieser Zeit ist die Identifikation mit der geschlechtlichen Rolle am stärksten, wo ein Junge sich als Mann bzw. Vater und ein Mädchen sich als Frau bzw. Mutter sieht. Infolgedessen kommt man ja auch zu dem entsprechenden Elternteil in Konkurrenz. Das Konkurrenzprinzip tritt hier erstmals in bewusste Funktion.

Fortan haben wir Rollen, die uns beschreiben, wie wir uns in gewissen Situationen jeweils verhalten sollen, um Persönlichkeit zu zeigen. In dieser Phase kommt es zu einem modernen Erwachsenen-Persönlichkeits-Bewusstsein. Vorher ist es nicht eigentlich da, erst mit diesem Alter, der aufkommenden Pubertät, kommt es zur Bildung der Persönlichkeit, die auf den drei Faktoren Saturn, Mond und Sonne beruht.

In den Rollenbildern spiegelt sich die Tatsache, dass wir Körper, Gefühle und Verstand haben und auch, dass es das Väterliche, Mütterliche und Kindliche als Rollenmöglichkeit der Selbstdarstellung gibt. Jede dieser Rollen hat natürlich unendliche Variationen, die sich alle um ein Symbol zentrieren und kulturell repräsentiert sind.

Eine bestimmte Auswahl bekommt man durch seine Umwelt aufgeprägt. Das sieht man an Beispielfiguren wie Vater, Mutter, Lehrer, Pfarrer, Politiker, Fussballheld usw. Alle starken Figuren (männliche Figuren) liefern das Bild-Material, aus dem man sich in dieser Lebensphase ein Rollenbild schafft.

Durch jede Gruppe, die man erlebt, entsteht in diesem Alter ein Bewusstsein, das man als Herdentrieb bezeichnen könnte, als Kollektiv-Bewusstsein. Auch den Gruppenegoismus lernt man da kennen. Man fühlt sich als ein geschlossenes Ich und wehrt sich gegen alles, was von aussen kommt. In diesem Alter kann man z. B. zu irgendeinem Verein, Club gehören. Das alles gehört zum Erlebnisbild Saturn, der natürlich nicht nur die Mutter oder die Kollektivmöglichkeit im kleinen Gruppenkreis ist. Auch jeder grössere Verband, der sich organisiert hat und Strukturen aufweist, bis hin zum Staat, zur Kirche und zu politischen Gruppierungen ist vom Saturn geprägt. Alles, was sich konstitutiert als Körperschaft, steht unter Saturn.

Wird der Mensch erwachsen, verlässt er irgendwann seine Mutter. Er wird sich ersatzweise an ein Kollektiv anschliessen wollen. Das ist die nächste Phase, die durch das 4. Haus läuft, von 18-24 Jahren. Man versucht, sein eigenes Kollektiv zu finden als Ersatz für die Mutter.

Aus dem Ausgeführten ist zu sehen, welch wichtige Rolle die Hauptplaneten spielen. Sie haben eine Entwicklung hinter sich, die mit den in der Bildtafel auf Seite 14 unten liegenden Planeten anfängt. Es ist entscheidend, was an Rollenbildern beim erwachsenen Menschen gelebt werden kann. Es hängt davon ab, dass die beiden Phasen von 1-6 und von 6-12 Jahren einigermassen positiv in der ihnen typischen Art durchlebt werden. Man muss also auf beide Arten Kind sein dürfen und das Entsprechende in genügendem Mass auch tun können. Wenn man darin behindert oder zu stark gesteuert wird, vielleicht zuviel anderes zu frühzeitig von einem erwartet wird oder mit Gewalt aufgeprägt worden ist, dann kommt es zu Missbildungen oder zur nicht genügenden Ausbildung der entsprechenden Grundfähigkeiten, deren die Hauptplaneten als Organe unbedingt bedürfen. Hätten sie nicht solche Fähigkeiten zur Verfügung, wären sie nachher nicht lebensfähig. Daraus sieht man auch, wie komplex das Problem Persönlichkeit überhaupt ist. Man kann nicht alles auf die Sonne schieben!

Die komplexen Ich-Probleme, die in jedem Horoskop wieder andere Zusammenhänge haben, kann man beim Betrachten der unteren Planeten (siehe Bildtafel »Planeten«) mit den Hauptplaneten sehen. Wenn man z. B. bei einem Menschen mit einem Mutterkomplex etwas einseitig vorgeht und sich den Saturn ansieht, findet man, dass Saturn gewisse Defekte hat. Man kann rein vom Saturn her das Mutterproblem definieren. Geht man weiter zu den übrigen Planeten, wird man insbesondere bei Mars und Venus Defekte finden, die auch beim Saturn vorliegen. Ebenso können wir gleiche Defekte bei Merkur und Jupiter und auch beim Mond finden. Das zeigt: Diese Entwicklungsphasen sind die bestimmenden, strukturierenden Phasen, in denen Selbsterfahrung ohne ein eigenes bewusstes Ich erstmals möglich sein muss. Man muss erst einmal seine Möglichkeiten, die man zur Verfügung hat, erleben und in den Griff bekommen.

Erst dann kann sich das Persönlichkeits-Bewusstsein überhaupt entwickeln. Erst nachdem sich die vier Funktionen Mars, Venus, Merkur und Jupiter in den Phasen einigermassen haben entwickeln können und unter Kontrolle sind, wird die Bildung des Persönlichkeits-Bewusstseins möglich – vorher nicht.

Man sieht, wie schwer es ist, Kinder zu haben. Das alles müsste man eigentlich wissen. Die meisten Eltern wissen es nicht.

Steigt man in der vierten Phase, von 18-24 Jahren, aus dem Nest aus, zeigt sich, dass man mit dem mütterlichen Prinzip vertraut geworden ist, wenn man sein eigenes Kollektiv gefunden hat. Scheitert man, so ist der Mutter-Ablösungsprozess nicht gelungen. Man hilft sich, indem man schnell heiratet. Aber damit ist nichts gewonnen, denn meistens wiederholt man die Prägungen und die alten Bindungen des gewohnten Kollektivs.

Lebensabschnitte und die Zuordnung der ICH-Planeten

Wir haben gesehen, dass die Entwicklung der Persönlichkeit bereits beim Kind sehr wichtig ist. In der Entwicklung wächst der Unterbau für das, was wir später als Persönlichkeits-Bewusstsein erfassen können. Damit, dass wir diese Basis erstellt haben, hört die Entwicklung nicht auf. Was ich bisher erklärt habe, ist der primäre Aufbau, der wesentlich die kreatürliche Selbsterfahrung braucht. Es geht aber weiter im Leben. So gibt es eine andere interessante Grosseinteilung: wie bereits in der »Lebensuhr« Band I ausführlich geschildert, können wir die Zeitdimension des Horoskops in verschiedene Phasen unterteilen:

a) in Lebens-Viertel, von einer Hauptachse zur nächsten (Phasen von 18 Jahren),
b) in Lebens-Drittel, je 4 Häuser, je 24 Jahre. Die Dreiteilung ist besonders interessant.

Diesen Dritteln können wir die Hauptplaneten zuordnen als Phasen in der Entwicklung der Persönlichkeit, jetzt vom Erwachsenen-Standpunkt oder vom überdimensionalen Standpunkt aus gesehen. Die Entwicklung der Persönlichkeit durchs ganze Leben hindurch.

Was ich bisher gezeigt habe, ist die primäre Entwicklung im 1. Quadranten: Zunächst das Saturnische mit Hilfe der zugehörigen Planeten Mars und Venus: dann Mond, die Selbsterfahrung in der Umgebung über Merkur und Jupiter; schliesslich die Sonne, das erste Erwachen der bewussten Persönlichkeit. Damit ist ein gewisser erster Abschluss gefunden.

Das Ganze wiederholt sich im nächsten Quadranten: Das 4. Haus ist wieder saturnisch: Man muss sich mit der mütterlichen Qualität, mit dem Nest, aus dem man kommt, auseinandersetzen und muss versuchen, ein neues Nest zu finden, wo man dann sich selber sein kann; wo man quasi nicht mehr von der Mutter festgehalten wird und meist ein eigenes Kollektiv oder die eigene Familie gründet. Die nächste Phase, das 5. Haus, ist wieder mondhaft, der Kontakt steht im Vordergrund. Das 5. Haus hat mit der erotischen Selbsterfahrung zu tun; auch mit der Selbsterprobung gegenüber der Welt, oft auch im Karrieresinn. Im 6. Haus kommt das Sonnenhafte zum Zuge. Hier erleidet die Sonne zwar empfindliche Einschränkungen, es kommt oft zu Berufskrisen; aber sie erfährt auch ihre wirkliche Grösse durch die Erfahrung mit der Wirklichkeit, vor allem der Arbeitswelt.

In jedem Quadranten geht es nach dem Muster Saturn – Mond – Sonne. Jedes kardinale Haus ist saturnisch kontrolliert, jedes fixe Haus ist Mond-kontrolliert und jedes veränderliche Haus ist Sonnen-kontrolliert. Das ist eine Gesetzmässigkeit. Es steht im scheinbaren Widerspruch zu dem, was wir vom kardinalen, fixen, veränderlichen Kreuz sonst wissen: Das kardinale Kreuz entspricht nach der Qualität mehr der Sonne, das fixe Kreuz mehr dem Saturn und das veränderliche Kreuz mehr dem Mond. Diese Ordnung gilt hier nicht.

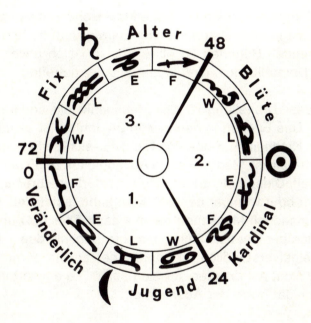

Wir erleben eine solche Umkehrung auch bei den Lebens-Dritteln, den 24-Jahres-Abschnitten: Das erste Drittel, bis 5. Spitze, ist Mond-beherrscht; es ist die Kindheit, sie dauert astrologisch bis 24, nicht etwa bis 20, 18 oder 16. Das mittlere Lebensdrittel, bis 48 Jahre, ist Sonnen-beherrscht;

hier findet die volle Entfaltung der weltlichen Persönlichkeit statt, die sich mittels ihrer eigenen Kraft durchsetzt. Schliesslich das letzte Drittel, das Alter, ist Saturn-beherrscht. Daher kommt wohl die Zuordnung von alten Menschen zu Saturn, wie das in der alten Astrologie üblich war. Es ist klar: Hier ist man am stärksten mit seinem Körper konfrontiert, weil er unzuverlässiger, schwächer oder gar krank zu werden beginnt. Da wird er mit der Zeit zu einer wesentlichen Besorgnis, weil er nicht mehr so mittut wie vorher gewöhnt.

Diese Einteilung ist logisch, eine klassische Einteilung. Wir finden sie in nicht-astrologischer Darstellung mit den entsprechenden Begriffen im Mittelalter in vielen philosophischen Darstellungen, die die Lebensalter betreffen.

Bei dieser Dreiteilung ist der Messpunkt ein anderer als vorher: Das Erleben in den ersten 24 Jahren ist mondhaft, weil es Kindheit im Sinne von Nicht-für-sich-selbst-verantwortlich-sein ist. Man ist Kind in Abhängigkeit zur Erwachsenen-Welt. Diese hält, erhält, pflegt, fördert und bremst. Sie ist mehr oder weniger besorgt. Man kann feststellen, dass es für manche Menschen bis in dieses Alter (24) und oft noch darüber hinaus, nämlich bis zum Talpunkt des 5. Hauses, selbstverständlich ist, dass jeder für ihn sorgt. Man kommt nicht auf die Idee, für sich selbst Verantwortung zu tragen – das wäre der Ausnahmefall.

Im zweiten Lebensdrittel, 24-48 Jahre, kommt die Entfaltung dessen, was man im allgemeinen die Persönlichkeit nennt: Ein erwachsener Mensch, der dasteht und seine Sache aus eigener Kraft und Verantwortung macht. Es ist auch die Zeit des grössten Erfolges. Erfolg, wie man das heute kennt, ist vorwiegend im Zusammenhang mit der Sonne zu sehen.

Also das Sonnenhafte, das vitale Hinstehen, eigene Kraft haben, eigene Ideen haben, sich durchsetzen, etwas zustandebringen, die eigenen Ideen verwirklichen usw.; das ist sonnenhaft. Das mittlere Lebens-Drittel ist die eigentliche Reifephase des Menschen.

Das letzte Lebens-Drittel umfasst das Saturnische. Es kann in zwei Richtungen gehen. Man sieht Saturn nur noch als Körperlichkeit. Das sind Menschen, die materiell stark befangen sind oder materialistisch denken oder schon immer körperlich ängstlich bis überängstlich waren. Der Körper degeneriert in dieser Zeit mehr oder weniger schnell, er wächst nicht mehr, er schwindet eher. Das kann hier zur Besorgnis werden und im Bewusstsein allmählich überhandnehmen, so dass man nur noch ans Körperliche denken und nur noch im Zusammenhang mit körperlichen Zuständen argumentieren kann. Wenn es so ist, ist der Lebensabend nicht erfreulich. Meist kommt es zu mehr oder weniger ausgeprägter Senilität.

Die andere Möglichkeit: Spätestens um 48 Jahre herum, meist auch früher, fängt man an, sich deutlich umzuorientieren, nämlich, der Geist wird langsam von der Körperlichkeit unabhängig, bahnt sich seine eigenen Wege, ob nun die Physis noch mitmacht oder nicht. Das ist der Mensch, der den Saturn geistig erlebt. Saturn wird zum geistigen Fundus, ist die Aufsummierung der ganzen Lebenserfahrung. Sie kann zu einem riesigen Kapital ausgebaut werden, auch zugunsten der jungen Generation (Beraten, Aufgaben für sie übernehmen). Hier im oberen Raum erlangt man oft erst Führungsaufgaben, z. B. als Politiker. Erst die Umschaltung von der weltzugewandten Sonnen-Persönlichkeit zur geistig orientierten Saturn-Persönlichkeit macht es möglich, Verantwortung zu übernehmen.

Wir haben also Phasen mit verschiedenen Reihenfolgen: Mond – die Jugend; Sonne – die Reife, Erfolgsphase, das Nach-aussen-gewandt-sein, Ganz-in-der-Welt-aufgehen und Aktiv-sein; Saturn – eigentlich das In-sich-zurückkehren, seinen Erfahrungsfundus voll auswerten. Das ist fast immer eine neue Art des Lebens, die sich an geistigen, nicht an körperlichen Werten misst.

Es ist eine wichtige Betrachtungsweise. Man muss wissen, dass ein Mensch von z. B. 34 Jahren ein Sonnen-Mensch ist. Für ihn gelten die Kriterien der Sonne. Infolgedessen ist sein Zustand der eines Sonnen-Menschen. Das Selbstbewusstsein als ganz bewusste Funktion, Verstandesfunktion. Deshalb ist der Mensch in der mittleren Lebensphase ausgesprochen ein Verstandesmensch, der alles klar und sachlich anpacken möchte und der mit dem Verstand funktionieren will. Wenn er mit seiner Sonne schlecht ausgerüstet ist, wird er in dieser Lebensphase Mühe haben. Er wird, weil er vielleicht einen guten Saturn hat, erst in der letzten Lebensphase richtig aufleben.

Das Familienmodell

Ein Problem, das mich als Psychologe lange Zeit nicht zur Ruhe kommen liess, war die Fragestellung: wie kann man aus dem Horoskop psychologisch brauchbare Aussagen über Vater- und Mutterbindungen, bzw. entsprechende Komplexe machen?

Die Frage scheint zunächst aus astrologischer Sicht einfach zu beantworten, sind doch nach Ansicht der meisten Astrologen in der Fachliteratur genügend Deutungshinweise vorhanden. Wenn man allerdings als praktizierender Therapeut damit arbeiten will, so kommt man in ordentliche Begriffsunschärfen hinein.

Schon der Vergleich einiger verschiedener Quellen zeigt sehr schnell, dass etwa der Vater in manchen Büchern mit der Sonne, in anderen Werken – oder in denselben an anderer Stelle – z. B. mit dem Saturn oder auch mit dem zehnten Haus identifiziert wird.

Auch wenn man – wie C.G. Jung es selbst versucht hat – im Horoskop nach Anima und Animus Ausschau hält, kommt man zwar mit den astrologischen Regeln zu einem Resultat. Aber das so entstandene Bild hält einer sorgfältigen psychologischen Überprüfung an der menschlichen Wirklichkeit (Tests, analytische Gespräche, freies Assoziieren etc.) nicht stand.

Aus der Enttäuschung heraus, die mir das astrologische Deutungsmaterial in diesem Bereich brachte, unternahm ich dann vor etwa fünfzehn Jahren eine grössere Untersuchung, die schliesslich allerhand zutage förderte. Im folgenden die wichtigsten Punkte:

1. Nicht nur die Personen, die dem Kind gegenüber die Vater- und Mutterrolle ausgeübt haben, sind im Horoskop definierbar. Sondern auch die Rolle des Kindes, die der Horoskopeigner in seiner Kindheitsumgebung gespielt hat.

2. Rückschlüsse über die Person des Vaters, bzw. stellvertretender Figuren, lassen sich aus der Stellung der Sonne (besonders in den Häusern) ziehen.

3. Die Mutterfigur, bzw. Rolle ist nicht aus der Mondstellung abzuleiten, sondern aus der Lagerung des Saturn im Horoskop (siehe weiter unten).

4. Das Kind schliesslich ist im Mondstand ablesbar.

5. Auch die Beziehung des Kindes zu den beiden Eltern und der beiden Eltern zueinander, wie sie das Kind subjektiv erlebt hat, ist in der Aspektierung der drei Hauptplaneten (Sonne – Mond – Saturn) untereinander ablesbar.

6. Ausserdem wird in der Lagerung dieser Planeten im Häusersystem eine hierarchische Ordnung der Familie sichtbar. (Wer hatte wirklich das Sagen in der Familie?) Ich weiss natürlich sehr gut, dass besonders die Feststellung Nr. 3 von der etablierten Astrologie abgelehnt wird. Und das hat wohl zwei Gründe:

Zum ersten gibt es in der gesamten erreichbaren Literatur

bis zurück zu den griechischen Quellen keinen einzigen Autor, der nicht den Mond als Mutter definiert hätte.

Und zum zweiten widerstrebt es den meisten Astrologen, den »widerlichen Bösewicht Saturn« mit der sanften und liebevollen Figur der Frau und Mutter identifiziert zu sehen.

Das letztere ist wohl verständlich – aber mindestens zum Teil ein Irrtum. Denn von »Frau« kann im Zusammenhang Saturn nur bedingt gesprochen werden. Die Frau als geschlechtliches Wesen ist im Horoskop als Venus dargestellt (nicht als Mond!). Demgegenüber hat der Saturn etwas ausgesprochen A-sexuelles an sich. Die Mutterrolle beinhaltet in erster Linie Schutz, Ernährung, Pflege und Belehrung des Kindes. Es lässt sich sehr leicht an jeder Frau, die Mutter wird, beobachten, dass sie für eine gewisse Zeit recht unerotisch wird.

Darüber beklagen sich übrigens die Männer schon so lange, wie es die Menschheit gibt. Es ist jedem Psychologen bekannt, wie oft die sexuelle Frustration »neuer« Väter zu den ersten »Ausflügen« Anlass gibt. Viele Männer verkraften es offensichtlich nicht so leicht, wenn ihre angebetete Venus plötzlich zum Saturn wird.

Und nochmals zum »Bösewicht« Saturn: Ich meine, dass es langsam Zeit wird, den Begriff des »Übeltäters« aus dem Wortschatz der Astrologie zu streichen. Aus psychologischer Sicht ist er schlechthin unhaltbar!

Die Schwarzmalerei um Saturn gibt es erst seit der spätgriechischen Zeit. Manilius ist meines Wissens der erste Autor, der so negativ formuliert. Auch den Mond als Mutter haben wir den Griechen zu verdanken. Vorher – z. B. bei den Baby-

Ioniern, die ja die Väter und Mütter unserer Astrologie sind – finden wir die Definition des Mutterprinzips, der Ur-Mütter bei Saturn. Er (oder müsste man jetzt sagen »sie«?) ist auch die Erde, das Irdische und das Fruchtbarkeitssymbol, das Trächtige etc.

Der Mond hingegen ist die empfängliche Seele, das ewig sich Wandelnde, Wachsende und Vergehende. Es ist eigentlich erstaunlich, dass wir bei unserer Monddefinition Empfänglichkeit und Fruchtbarkeit nicht auseinanderhalten können – die Babylonier taten es!

Die Frau ist fruchtbar, der Mann ist potent; und beide sind empfänglich – nämlich für die Liebe, die sie zusammenbringt. Der Mond ist das Kontaktsuchende in uns Menschen. Seine Fähigkeit ist die Sensitivität für das Du, und diese Empfänglichkeit hat kein Geschlecht. In der Erotik des Mondes suchen wir nicht das sexuelle Erleben, sondern den Menschen, der liebt, der uns Vertrauen, Verständnis, Zuwendung und Zärtlichkeit ohne Bedingungen zu geben bereit ist.

Genau das ist es, was wir als Kleinkind das erstemal an der Mutter erleben. Der Mond ist also auch das Muttersuchende, das erste Liebeserlebnis mit ihr – aber nicht etwa die Mutter selbst!

Natürlich ist jeder Säugling in den ersten Lebensmonaten mit seiner Mutter vollständig identifiziert. Er hat noch kein individuelles Bewusstsein und ist in seinen gesamten Lebensfunktionen von der Mutter abhängig. Das könnte man astrologisch so formulieren: Der Mond ist in exakter Konjunktion mit dem Saturn. Dieser Zustand dauert aber nicht an – und das soll er auch von der Natur aus nicht. Das Kind muss seine eigenen Lebensfunktionen entwickeln, um dadurch lebensfähig zu werden. Und dabei muss ihm die Mutter behilflich sein. Das ist ihre eigentliche Funktion. Und gerade darum ist es so schwierig, eine gute Mutter zu sein. Denn die Neigung, das Kind in irgendeinem Grade der Abhängigkeit von sich zu behalten, ist nun mal ein starker menschlicher Zug – übrigens nicht nur bei Frauen!

Alle Aspekte zwischen dem Mond und entweder Saturn oder Sonne zeigen eine solche Elternabhängigkeit an (Mutterbindung; Vaterbindung), die natürlich je nach Art des Aspektes in ihrer Qualität variiert. Ausserdem wirkt sich eine Mutter – resp. Vaterbindung sehr verschieden aus. Alle Mond-Saturn-Aspekte z. B. erschweren die Ablösung vom Elternhaus, zeigen eine Minderung der Risikofreudigkeit im Leben an und bringen eine übermässige Besorgtheit um die eigene körperliche Sicherheit und Gesundheit. Der Mangel an Urvertrauen wird meistens durch das Bemühen kompensiert, sich im Leben eine »heile Welt« aufzubauen. Demgegenüber sind Mond-Sonne-Aspekte (Vaterbindung) in unserer heutigen Gesellschaft scheinbar keine hemmenden Funktionen, weil unsere patriarchale Kultur die Expansions- und Leistungszwänge, die von Aspektierungen ausgehen, positiv wertet – und sie also durch Erfolgserlebnisse belohnt. Damit werden Autoritätsgläubigkeit und ihre Kompensationsformen wie Erfolgs- und Wettbewerbsdenken und Aggressionsbereitschaft zur Konfliktlösung oft zu zentralen Antrieben.

Damit komme ich zu einem weiteren, wichtigen Betrachtungspunkt in unserem Thema: Das Familienmodell ist durch eine lange Entwicklungsgeschichte gegangen. Oder, umgekehrt formuliert, es hat durch die sich verändernde gesellschaftliche Wertung grosse Entwicklungen in der Geschichte hervorgerufen.

Man kann – aus astrologischer Sicht – die Kulturgeschichte der Menschheit bis heute in drei grosse Perioden einteilen. Die Frühgeschichte müssen wir hier ausklammern, weil wir über ihre Gesellschaftsformen zuwenig wissen.

1. Die nomadischen Frühkulturen (z. B. die Kelten und die nordamerikanischen Indianer).
2. Die matriarchalen frühen Hochkulturen (Stadtstaaten) wie etwa die chaldäisch-babylonische oder die Azteken, Mayas und Inkas.
3. Die patriarchalen, nationenbildenden (Gross-)Reichskulturen der Antike und Moderne (wie Rom, Byzanz und die heutigen). Diese drei Kulturformen – sie existieren alle heute noch – kann man astrologisch dem Familienmodell zuordnen: Die nomadische Kultur ist die kindlich-bewegliche, die man dem Mond zuschreiben kann. Spezifisch an ihr ist das unstete Herumwandern. Nomaden sind nicht ortsgebunden, sondern folgen den jeweils besten Existenzmöglichkeiten. Weder bauen sie feste Wohnstätten, noch kultivieren sie den Boden. Vorausplanung und Vorratshaltung sind wenig ausgeprägt. Besitz beschränkt sich auf tragbares Gut. Wegen diesen Voraussetzungen hinterlassen sie wenig geschichtliche Spuren, und deshalb wissen wir im allgemeinen nur Spärliches über sie (Beispiel: Kelten). Ihre religiöse Vorstellungswelt ist mit Naturgeistern erfüllt (Theurgie, Voodoo, Fetischismus etc.) und transzendentale Gott-Konzepte sind selten.

Sagen und Märchen entstammen diesem geistigen Raum. Deshalb entsprechen sie auch der Phantasiewelt des heutigen Kindes. Denn jedes Kind läuft ja in seiner Entwicklung »im Schnellauf« durch alle wichtigen geschichtlichen Kulturstufen der Menschheit.

Die **matriarchalen Kulturen** entstanden ursprünglich aus der Inbesitznahme von Land durch sesshaft werdende Kollektive. Die typischen frühkulturellen Stadtstaaten waren Inseln in nomadischem Freiland. Sie mussten, um bestehen zu können, Land abgrenzen, einfrieden, ja zumauern (Stadtmauern). Sie bebauten das umliegende Land und fuhren die Ernten als Vorräte in ihre Scheunen. Dadurch wurden sie von Jagdglück und Klimaschwankungen unabhängiger. Begriffe wie Besitz, Ordnung und Anpassung wurden für die Gemeinschaft lebenswichtig. Nur das Überleben des Kollektivs war bedeutend. Der Einzelne zählte nicht, ausser in seiner Funktion als Teil einer Kaste oder eines Standes in der hierarchischen Ordnung des Staates. Das galt auch für die obersten Schichten (Priesterschaft, Königtum). Jeder wurde durch seine Herkunft in eine Schicht und damit in eine berufliche Spezialität hineingeboren (Standes- und Dynastie-Denken).

Erst diese Kultur entwickelte die Schrift und damit Gemeinschaftsgedächtnis und kulturelle Hinterlassenschaft. Der Sammelplatz aller Strebungen war das religiöse Leben, dem sich alles zu- und unterordnete. Die polytheistische Götterwelt war ein Abbild des hierarchisch strikte geordneten Gemeinschaftslebens.

In dieser Kulturstufe entstand die Grundstruktur der heutigen Astrologie – allerdings in Form der Omen-Astrologie, die nur für das Voraussagen der kollektiven Zukunft verwendet wurde.

In matriarchalen (mütterlichen) Kulturen ist alles auf Abgrenzung, Sicherung und Erhaltung ausgerichtet, also Saturn. Deshalb haben sie auch oft Jahrhunderte oder gar Jahrtausende überdauert (Ägypten, China).

Die ersten **patriarchalen Kulturen** entstanden um 1000 vor Christus. Ihre wohl typischsten Eigenschaften sind ihr dynamisches Expansionsbedürfnis und ihr Individualismus. Das entspricht ganz und gar dem Sonnenprinzip. »Freie Bahn dem Tüchtigen« ist das hier geltende Schlagwort, oder wie wir es heute gern formulieren: »Hilf Dir selbst, so hilft Dir Gott« (Oligarchie = Herrschaft der Fähigsten). Der König, der Führer, der Meister, der Vater werden zur Leitlinie menschlichen Strebens. Die individuelle Anstrengung, sich zu profilieren, ist eine männliche Eigenschaft. Dabei wird zu leicht vergessen, dass in allen Menschen beide geschlechtlichen Qualitäten vorhanden sind.

Geschichtlich geschah das, indem die patriarchalen (damals noch primitiven und kleinen) Nationen aggressiv gegen die festgefügten matriarchalen Hochburgen vorgingen und ihnen ein männlich-väterliches Regime oktroyierten.

Menschlich wurde die Frau damit zum zweitrangigen Wesen, das nur als Gefährtin des Mannes Überlebenschancen hat, gemacht. Das hat sich auch in der Astrologie niedergeschlagen.

Dem sonnenhaften Perfektionsstreben (oder monotheistischen Gottstreben) musste der mütterlich-sorgende und bewahrende, aber statische Saturn geopfert werden. Sein Bedürfnis nach Lebenssicherung wurde als primitiv bezeichnet. Schliesslich war es quasi verboten, weichlicher, lustvoller Körperlichkeit nachzugehen (Saturn wurde zum Übeltäter).

Und die Frau musste notgedrungenermassen in die Rolle des vom Vater abhängigen und unmündigen Kindes schlüpfen. Dass sie dies nicht widerspruchslos tat, und wir dadurch, dass sie sich Reservate der Dominanz erhalten hat, heute einen seltsam gemischten kulturellen Zustand haben, in dem es eigentliches Patriarchat neben Scheinpatriarchat und an vielen Orten sogar offenes Matriarchat gibt, ist leicht in der Wirklichkeit von heute nachzuvollziehen.

Die hierarchische Ordnung

Ich hatte damals, vor fünfzehn Jahren, als ich mich entschloss, die Vater- und Mutterproblematik astrologisch zu untersuchen, zunächst Schwierigkeiten, mir eine brauchbare Arbeitshypothese zu erarbeiten. Ich scheiterte fürs erste an den fixierten Positionen astrologischer Zuordnungen:

Nach alter (ptolemäischer) Auffassung werden bis heute Sonne und Mond dem Löwe, resp. dem Krebs als sogenannte »Herrscher« zugeordnet, das heisst also unten im Tierkreis (siehe Bild).

Diesen Positionen gegenüber wird oben in Steinbock und Wassermann der Saturn angeordnet. Es war mir bereits früher gelungen, in einer anderen Versuchsanordnung die »Herrschaft« (die ich lieber als »Anteiligkeit am Zeichen« bezeichnen möchte) dieser und auch der übrigen Planeten eindeutig zu bestätigen. Ich hatte also keinen Grund, irgendwelche Zweifel an dieser Zuordnung zu haben.

Da in aller Symbolik, besonders aber in der astrologischen, oben und unten eigentlich hierarchische Wertungen sind, wäre die Saturnzuordnung oben gleichbedeutend mit Herrschen und die Sonne- und Mondzuteilung unten gleichbedeutend mit beherrscht werden. In einer patriarchalen Kultur wie der unsrigen muss das zwangsläufig bedeuten, dass Saturn der Regierende – also der Vater ist. Es macht den Mond als Mutter verständlich und mag den Umstand erklären, warum in der deutschen Sprache (im Unterschied zu lateinischen Sprachen) die Sonne weiblich ist.

Nun ergab aber meine Untersuchung der Testhoroskope etwas Seltsames: Wenn in solchen Horoskopen der Saturn, verglichen mit Sonne und Mond, am höchsten im Häusersystem stand, dann handelte es sich um Menschen, die in mehr oder weniger betont matriarchalen Familienverhältnissen aufgewachsen waren. Besonders auffällig waren Saturnstellungen im 9. und 10. Haus. Bei all diesen Menschen nämlich ergab die Persönlichkeitsanamnese einen betonten Mangel an »Nestwärme« und »Pelzgefühl« in der Kindheit. Und die Mütter wurden von den Versuchspersonen als »gescheit« bis »allwissend« (im 9. Haus) oder als »dominant« bis »herrschsüchtig« (im 10. Haus) bezeichnet.

Diese Feststellungen brachten zwar zuerst meine Konzepte etwas durcheinander, öffneten aber auch die Tür zu einer brauchbaren Hypothese: 1) die Mutter ist Saturn, und 2) die Hierarchie im Häusersystem ist nicht die gleiche wie im Zodiak.

Schliesslich ergab sich durch weitere Untersuchungen, bei denen auch die Väter einbezogen wurden, dass sogenannte »ideale« – und das heisst natürlich patriarchale – Familienverhältnisse da herrschen, wo in den Horoskopen die Sonne im 8. bis 11. Haus und der Saturn im 2. bis 5. Haus standen.

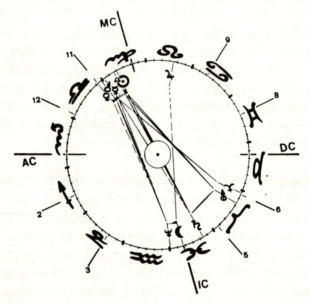

SCHWEIZ
Bundesverfassung 12.9.1848, 11.12 Uhr (LZ) Bern

Hier das Beispiel eines echt patriarchalen Horoskopes: Die Schweiz, ein Staat, in dem die Frauen selbst (so zeigten mehrfache Abstimmungen) bis ins letzte Jahrzehnt hinein die politische Mitbestimmung (Frauenstimmrecht) nicht haben wollten.

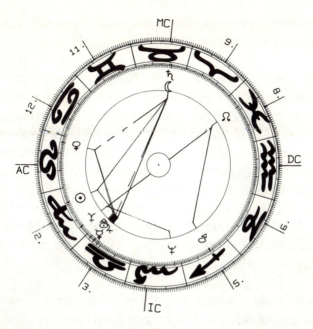

LYBIEN
1.9.1969, 04.00 Uhr, Tripolis

Beispiel eines matriarchalen Staatshoroskopes: Libyen, ein Land, in dem die Mütter und Kinder die wirkliche Kraft im Staat sind. Oder mundan-astrologisch ausgedrückt: Die Launen des Volkes (Mond) und die Staatshierarchie der Verwaltung und Ökonomie (Saturn) bestimmen wirklich. Ghaddafi (Sonne) muss sich in zugeteilter Rolle entsprechend gebärden. (Der äussere Eindruck täuscht da, wie ich von Insidern weiss).

Und schlussendlich kam ich zu der noch differenzierteren Regelformulierung: Je höher im Häusersystem ein Hauptplanet steht, umso mehr Bedeutung hatte die entsprechende Persönlichkeit in der Familie. Die Sonne zeigt dabei die Vaterrolle, Saturn die Mutterrolle und der Mond die Rolle des Horoskopeigners an, die er als Kind in der Kollektivumgebung spielte, in der er aufwuchs.

Über die wirkliche Verteilung der Rollen in der Familie gibt also nicht etwa die Lagerung der Hauptplaneten (Sonne, Mond, Saturn) im Zodiak, sondern diejenige im Häusersystem Auskunft. Und das fördert eine möglicherweise revolutionäre Erkenntnis zutage. Wenn der Saturn im Tierkreis an höchster Stelle angeordnet wird – im Gegensatz dazu aber im Häusersystem die Sonne, und wenn Saturn = Mutter/Sonne = Vater sind, dann bedeutet das zwingend, dass sich im Zodiak ein entwicklungsgeschichtlich älterer Zustand (das Matriarchat) niedergeschlagen hat als im Häusersystem (das Patriarchat).

Ich bin seit vielen Jahren durch eine ganze Anzahl weiterer Forschungsprojekte zu der Überzeugung gelangt, dass sich im System der Tierkreiszeichen all das nach langen Erfahrungsprozessen niederschlägt, was »genetische Dichte« erlangt hat und damit zum Festbestandteil menschlicher Messweisen geworden ist (archetypisches Wissen). Diesem »Urwissen« (der gesamte Zodiak), aus dem uns eine individuelle Auswahl über die Erbmasse zukommt (die Zeichenbesetzung durch Planeten im persönlichen Horoskop), steht »Kulturwissen« gegenüber, das sich im Häusersystem niederschlägt. Diese Wertvorstellungen sind Resultate jüngerer Geschichte – Eigenschaften der Kultur, in die wir hineingeboren sind, die uns durch das Leben in der Gemeinschaft und durch Erziehung vermittelt werden. Das Häusersystem ist also eine eher wandelbare Struktur im Geburtsbild als die Zeichen. Es drückt die Wertmassstäbe unserer eigenen, gegenwärtigen Kultur aus. Deshalb ist es nicht erstaunlich, dass es im Verlauf der letzten 2000 Jahre über zwanzig verschiedene solche Systeme gegeben hat, von denen heute noch mindestens sechs in mehr oder weniger häufigem Gebrauch sind. Dem stehen nur zwei zodiakale Systeme gegenüber.

Hinweise zur Praxis

Ich möchte noch einmal darauf hinweisen, dass die heutige Hierarchie im Häusersystem eine andere ist als im Tierkreis. Es wird sich gelegentlich bei Ihrer Arbeit herausstellen, dass z. B. eine Person, der Sie, aus einer Hochstellung des Saturn schliessend, sagen, dass die Mutter in ihrer Familie dominiert habe, sich entschieden dagegen verwahrt. Das verletzt nicht unbedingt die dargelegte Regel. Denn in einer patriarchalen Gesellschaft kann nicht sein, was nicht sein darf. Wenn eine Mutter »die Hosen anhat«, so mag das zwar durch die Lebensumstände erzwungen sein, aber »offiziell« darf es nicht sein. Und so wird der wirkliche Tatbestand schon in der Kindheit ins Unbewusste verdrängt. Meistens wird auch die Mutter versuchen, ihre unvermeidliche Dominanz nicht offenkundig auszuspielen, wie das Männer normalerweise tun.

Die Elternrolle

wie sie vom Kind subjektiv erlebt wurde: Sie lässt sich durch die genauere Definition der Häuser- und Zeichenstellungen von Sonne und Saturn erfassen. Die Hausstellung ist dabei im Sinne der Rolle wichtiger und vorwegzunehmen. Das Zeichen hat eine oft eher verborgene Bedeutung der zwar vorhandenen, aber häufig nur teilweise gelebten Motivation des entsprechenden Elternteils. Eine besondere Häufung dieses Umstandes ist bei Sonnenstellungen (Vater) in unteren Häusern und/oder in talpunktnahen Positionen, ausserdem auch bei extrem rechts gestellten Sonnen (besonders nahe dem DC) zu beobachten (vaterlose Gesellschaft?). Solchen Vätern erlauben eventuell das umgebende Kollektiv (drittes und viertes Haus) oder die Rollenzwänge des Berufes und der Karriere (besonders 6. und 7. Haus), gelegentlich auch das eigene Imponiergehabe (2., 5., 7. und 8. Haus) nicht die volle Entfaltung angeborener Fähigkeiten.

Ähnliches gilt für Saturnstellungen im Ich-Raum (Häuser 12 und 1) – beides sind Angststellungen (Ich- und Versagerängste, die auf Kinder übertragen werden) – wie auch häufig für Positionen im neunten bis elften Haus (Verantwortungsängste, die meist zu Überkompensationen führen). Auf Talpunktstellungen ist der Saturn weit weniger empfindlich als die Sonne.

Diese Regeln sind etwas knapp formuliert (zweimal lesen lohnt vielleicht), deshalb will ich dazu ein paar Beispiele anführen:

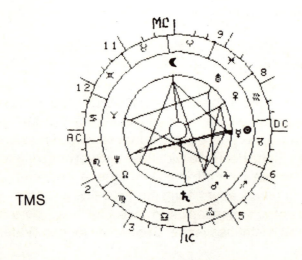

TMS

Tochter eines Arztes. Vater sehr stark durch Zuwendung zu Patienten absorbiert. Mutter im Haushalt. Beide Eltern hatten starke Erwartungshaltung zum Kind (Mutter, Saturn Opp. Mond »Haltung« und Vater Sonne Quadrat Mond »um die Gunst der Leute bemühen«). Haltung und Bemühung noch heute im reifen Alter sichtbar. Als Kind Wunsch, Sängerin zu werden.

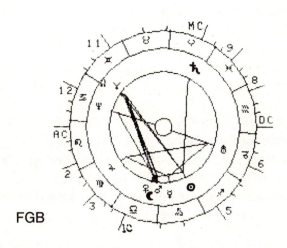

FGB

Sohn einer Unternehmerfamilie, in der die Mutter »auf die feine Art« hintergründig dominierte (Saturn im Talpunkt 9). Vater war Befehlsempfänger (Sonne im eingeschlossenen Zeichen und ganz unten). Sohn fast klettenhaft familienabhängig und harmoniesüchtig (Mond Konj. Venus am IC); etwas sexmanisch (Konj. Mars) gegenüber seiner Frau, die sich im reifen Alter von ihm scheiden liess. Sohn hat bis ins hohe Alter überspannte Mutterverehrung betrieben.

Die Rolle als Kind (Mondstellung)

Auch hier handelt es sich um die subjektive Erlebniswelt des Kindes, die beim Erwachsenen meistens nur noch verfälscht in Erinnerung ist. Dies hängt davon ab, inwieweit die Eltern in ihrer Erziehungsbemühung dem Kind seine Situation interpretiert (beziehungsweise zurechterklärt) haben.

Von der Stellung des Mondes (wieder Haus und Zeichen, in dieser Reihenfolge) hängt die Kontaktbereitschaft, die Kontaktfähigkeit und die schliessliche Kontaktbefriedigung (z. B. Streicheleinheiten, die man als Erwachsener wirklich erhält) ab.

Qualitativ befriedigende Kontakte ergeben sich am ehesten aus horizontnahen Positionen: Häuser 12 und 1 mit eher spärlicher Häufigkeit, weil das Kind zu sehr auf sich selbst verwiesen wurde, Häuser 6 und 7 mit grösserer Häufigkeit, weil man als Kind mehr Kontakt-»Übungsmöglichkeiten« mit Gleichaltrigen hatte.

Je höher im Häusersystem der Mond steht, um so mehr wurde man durch die Eltern oder die Umstände dazu angehalten, sich beim »Publikum« beliebt zu machen. Die Eltern waren vielleicht stolz auf »ihr besonderes Kind« oder bei Schwachstellung der Elternplaneten wollten sie unbedingt, dass es »unserem Kind mal besser geht als uns«. Solche Stellungen sind auch Ursache für Einsamkeitsgefühle »inmitten der Menschenmenge«.

Tiefstehende Monde zeigen starke Familien- oder Kollektivbindungen.

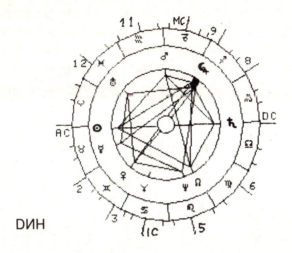

DИH

Tochter eines Konzerninhabers, Vater undurchschaubare, steife, patriarchale Figur; sehr herrschsüchtig und besitzergreifend (Sonne in Stier, nahe Widder-AC). Mutter »Dame von Welt« und Kultur-Mäzenin (Saturn am DC in Waage). Beide Eltern starke intellektuelle und künstlerische Erwartungen an das Kind (Trigon-Sextil-Aspekte zum Mond). Eltern untereinander in extremem Rollenspiel festgelegt, aber innerlich entfremdet (Sonne Opp. Saturn). Extremes (heiles) Familienmodell. Starke Erfüllungszwänge bei der Tochter bis ins reife Alter.

Die Aspekte

als Ausdruck der Beziehung in der Familie. Hier sind zwei Aussagen zu unterscheiden:
1. Aspekte des Mondes zu Sonne und/oder Saturn. Wo solche Aspekte vorhanden sind, deuten sie auf deutliche

Bindungen bis Abhängigkeiten zum entsprechenden Elternteil. Die Art des Aspektes bezeichnet die Beziehungsqualität. Findet sich der Mond nur indirekt über Drittplaneten mit Sonne und Saturn verbunden, so handelt es sich um lockere Beziehungen, die aber kaum je als Manko erlebt werden (diese indirekte oder funktionale Beziehungsform ist der statistische Normalfall).

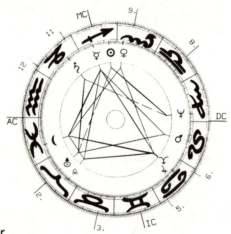

Bruno Huber
29.11.1930 – 12h55 Zürich

Wenn vom Mond zu einem Elternplaneten überhaupt keine Verbindung über Aspekte zu finden ist, so wurde vom Kind ein substantielles Beziehungsmanko erlebt.

Auch bei diesen Beziehungsdefinitionen ist oft die Erinnerung des entsprechenden Erwachsenen gegenüber der kindlichen Realität bis zum Gegenteil verkehrt. Aus den selben Gründen, wie oben bei Saturnhochstand erklärt (z. B. Eltern-Pietät).

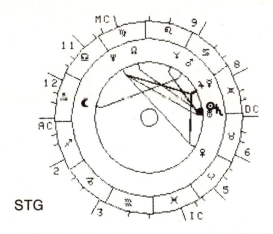

STG

Tochter eines Druckerei-Inhabers und Musik-Mäzens. Familie (inkl. Mutter) lebte stark kulturell exponiert – »ständig Leute im Haus«. – (Sonne, Saturn, Uranus am DC in Zwillinge). Kind im Hintergrund und relativ isoliert; wurde oft strafhalber »vom Familienleben ausgeschlossen« (vom Aspektbild abgelöste Mondstellung im 12. Haus). Erwachsene Tochter hat sich bald gründlich von der Familie abgesetzt, um eigene Familie zu gründen (um es besser zu machen). Dementsprechend lange Zeit Ängste, als Mutter zu versagen. Wie aus der Psychologie bekannt, bestimmen die Elternbeziehungen sehr stark das Auswahlverhalten im Suchen des Erwachsenen nach Partnerschaft.

2. Aspekte zwischen Sonne und Saturn. Sie spiegeln das Rollenverhalten der Eltern zueinander. Das Kind neigt dazu, wenn es als Erwachsener in einer Partnerschaft lebt, dieses elterliche Rollenspiel zu wiederholen – auch wenn es fatal ausläuft. Die hier vorliegenden oder nicht vorhandenen Aspekte werden nach obigem Muster bewertet (siehe 1).

TEM

Sohn eines Seelsorgers und Kunsthandwerkers (s. Figur Sonne, Mond, Venus, Uranus). Starke Vaterbindung des Sohnes; Nachahmungstrieb (leichter »sozialer Tick«). Mutter: Hausfrau, Versagerängste (kaum emanzipiert), ständige Existenznöte; starre moralische Haltung mit hysterischer Note (Saturn kurz vor 12. Spitze). Eltern untereinander stark entfremdet (Sonne – Saturn ohne Aspekt). Kind hatte wenig Mutterzuneigung (Saturn – Mond ohne Aspekt). (S. auch z. B. DNH)

Leitbilder des Ich-Bewusstseins

Wir wollen nun die Rollenfunktionen besprechen, die wir im Zusammenhang mit den Hauptplaneten beachten müssen und auch deren möglicher Kompensationsmechanismus. Wir haben schon festgestellt, dass die Polarisation, der Brennpunkt des Ichs, in einem der drei und auch in allen drei Hauptplaneten sein kann. In den meisten Fällen ist er in dem einen oder anderen mit einem gewissen Vorzug vorhanden. Wenn nun ein Mensch die Sonne in seinem Horoskop zu schwach stehen hat und diese nicht für Erfolg benutzen kann, kommt leicht irgendeine Kompensation in Gang. Naheliegend, dass man zu einem anderen Planeten greift; man muss nicht einen Hauptplaneten vorziehen (das ist sogar oft nicht der Fall), es kann ein Planet von der unteren Reihe (siehe Planetentafel Seite 14) oder von der oberen Reihe (die neuen Planeten) sein. Das geschieht recht häufig.

Es gilt die Regel: Je mehr Aspekte ein Planet hat, umso stärker kommt er im Gesamten der Persönlichkeit zum Zuge. Wenn er mehr Schalt-Funktionen hat, hat er auch mehr Auswirkungen auf andere Planeten. Bei den Hauptplaneten ist das wichtig: sie möchten dirigieren, sie sind ja die drei Instanzen des Ichs. Das Ich möchte die gesamte Aspektstruktur, die aus den zehn Planeten besteht, steuern. Vor allem, wenn es derjenige Planet ist, von dem die Umgebung erwartet, dass er die Steuerfunktion hat oder wenn er der stärkste der drei Hauptplaneten ist. Das kann er um so besser, je mehr Aspekte er zu anderen Planeten hat.

Wir müssen erst Kriterien aufstellen, die den Status der Hauptplaneten betreffen und zeigen, was für Kompensatoren für die jeweiligen Hauptplaneten in Frage kommen. Dazu gibt es einige Regeln. Grundsätzlich folgendes: Die Hauptplaneten haben in unserem normalen Bewusstsein, unserem Tages-Bewusstsein, wie ich es nenne, die Funktion von einer Rollenvorstellung.

Diese Rollenvorstellung entwickelt sich aus dem Verhältnis, das das Kind zu seinen Eltern hat, die Dreiecks-Rollenvorstellung. Die Rollenvorstellung »Kind« schlägt sich im Mond nieder. Die Rollenvorstellung »Vater« schlägt sich normalerweise in der Sonne nieder, wenn der Vater nicht völlig verkehrt funktioniert. Sie wird abgeschaut an der Haltung des Vaters (oder einer Ersatzperson), wie er sich verhält als Mann und Vater in der Familie. Die Rollenvorstellung »Mutter« schlägt sich nieder im Saturn. Sie leitet sich von der Mutter, eventuell von einer Ersatzperson für die Mutter ab. Die Rollenfunktionen haben natürlich den vorgeschriebenen Grundsatz, gewisse Grundfunktionen des Ichs zu gewährleisten.

Das väterliche Leitbild (Sonne)

Das väterliche Leitsymbol hat die Aufgabe, die Wachstumskraft in mir wirksam zu machen, die Fähigkeit, mich selbst zu tragen, die Vitalität freizusetzen und eventuell vorhandene schöpferische Kräfte in Gang zu bringen. Sie veranlasst mich dazu, das Leben in die Hand zu nehmen und etwas daraus zu machen. Sie befähigt mich also zu allen offensiven Haltungen und Funktionen. Offensiv heisst hier nicht kriegerisch, sondern dass ich aus mir herausgehe in die Welt und einen Teil von ihr in die Hand nehme und etwas daraus mache, sie sozusagen verändere. Das kann ich mit der Kraft der Sonne. Das wird meistens in der Kindheit der Vater vormachen. Er sollte ein starkes Individuum sein, das mutig an die Aufgaben herangeht und etwas daraus macht. Zu dieser Rolle gehören Zivilcourage, Stärke, Mut und ähnliches mehr. Das schlägt sich in einer konkreten Vorstellung von mir selbst, wie ich sein sollte, nieder. Die Beobachtungen, die ich am Vater oder einer Ersatzperson (wenn der Vater nicht vorhanden ist) mache, führen zu einer Vorstellung von mir selbst, wie ich sein möchte, wenn ich mal erwachsen bin. Als Kind fängt man schon damit an, sich ein solches Bild zu schaffen. Das Vaterbild, das sich an der Person des Vaters entwickelt.

Macht er wesentliche Fehler oder ist er zu saturnisch, d. h. macht er den Fehler, den viele Väter heute machen, geht er zu wenig mutig in sein Leben hinein, sondern ist zu sehr auf Sicherheit aus, so nimmt er zum Teil Aufgaben auf sich, die eigentlich der Mutter zustehen. Er wird halb Sonne und halb Saturn, er nährt also auch das Mutter-Leitbild, das das Kind eigentlich von der Mutter abnehmen müsste. Er ist dann, vom Vaterbild her gesehen, teilweise eine klägliche Figur. Er hat manchmal Angst, wo andere drangehen, oder er hat zuwenig Zivilcourage oder bringt nichts fertig im Leben, aber er führt grosse Worte im Mund usw. Das schadet dem Leitbild. Das Kind weiss nämlich unbewusst, wie das Leitbild aussehen sollte. Es stellt jede Einbusse des Verhaltens des Vaters gegenüber dem Urbild der väterlichen Stärke als Fehler fest; das führt aber zu einer Einschränkung des Selbstbewusstseins, da die Vaterfigur mit dem eigenen Ich in Verbindung gebracht wird. Man identifiziert sich mit den väterlichen Qualitäten, sie ergeben die Qualität von Selbstbewusstsein, die sich in der Sonne niederschlägt.

Das mütterliche Leitbild (Saturn)

Völlig Analoges lässt sich für die Mutter sagen. Sie hat im Leben des Kindes die Funktion, Leben zu gewährleisten, zu pflegen und zu sichern. Sie lehrt das Kind, seine Pflege wahrzunehmen, sich zu schützen, sich in bestimmten Situationen so zu verhalten, dass es ein sicheres Verhalten ist. Sie hat auf die Kontakt-Verhaltensweise einen erheblichen Einfluss. Sie bringt sichere Verhaltensweisen bei. Das soll garantieren, dass das Kind lebensfähig wird, dass seine Minimum-Vitalfunktionen, die sein Leben erhalten, gewährleistet sind. In unserer sehr komplexen Zeit zielt ein grosser Teil der Erziehungsarbeit hauptsächlich darauf, das richtige Verhalten in der menschlichen Gesellschaft zu zeigen. Junge Mütter finden es heute nicht so wichtig, wie das Kind den Löffel in die Hand nimmt, sondern wie man mit dem Nachbar verkehrt, wie man sich in die Gesellschaft einfügt.

Das liegt von Mutter zu Mutter verschieden und wirkt sich entsprechend auf das Kind aus. Wie eine Mutter diesbezüglich erzieht, was sie wichtig nimmt, den Löffel oder die gesellschaftliche Stellung oder dass man ein liebevoller, hilfsbereiter Mensch sein soll, kann man vom Stand des Saturn im Horoskop ablesen. Kommt es auf den rechten Gebrauch des Löffels an, steht er im 4., 5. oder auch im 3. Haus. Kommt es auf das Durchsetzen in der Gesellschaft an, ist er im 8. oder 10. Haus. Ist die Mutter ängstlich auf die Existenzsicherung bedacht, steht er wahrscheinlich im 6. Haus. An der Hausstellung kann man ablesen, wo die Mutter die Hauptbetonung gegeben hat, durch Erziehungsbemühungen und Haltung. Manche Mütter haben eine bestimmte Haltung, die genauso erzieherisch auf das Kind einwirkt, wie wenn sie ständig auf es einreden würden. Dasselbe lässt sich über die Sonne sagen. Die Haltung des Vaters, bzw. das, was er gelebt und immer wieder gesagt hat, zeigt der Hausstand der Sonne.

Über die Verteilung der Hauptplaneten im Häusersystem gibt es allgemeine Regeln, die eine qualitative Grundbewertung ermöglichen, im Gegensatz zur vorher beschriebenen Stark- und Schwachstellung, die eine quantitative Unterscheidung darstellt.

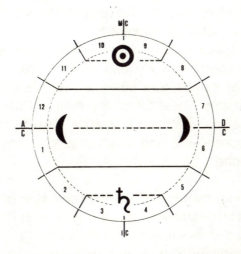

Die Sonne steht im oberen ihr entsprechenden Bereich natürlich, wie es der Vaterrolle entspricht. Der Saturn steht im unteren Bereich günstiger. Wir haben oben den Individualbereich, 9. und 10. Haus. Hier entfaltet sich der Mensch zu seiner ganzen Reife und Grösse und zu dem, was wir als Autorität bezeichnen: Reife im Sinne von Fähigkeit, die Dinge richtig einzuschätzen und anzupacken. Wenn ein Vater seine eigene Autorität entwickelt hat, in sich sicher ist, nach seinen eigenen Massstäben verfährt, auch die Kraft und den Mut hat, hinzustehen und seine Auffassung zu vertreten und durchzufechten, dann steht die Sonne meist oben, wenigstens noch im 8. oder 11. Haus. Das ist ein ziemlich starkes Selbstbewusstsein der väterlichen Haltung, das auch in einem ziemlich starken Selbstbewusstsein des Kindes resultiert. Steht die Sonne unten, so steht sie eigentlich im Mutterraum; hier unten haben wir den Kollektivraum, 3. und 4. Haus. Hier geht es um den Anschluss an das Kollektiv (= Mutter, Sicherheit, psychologisch gesprochen). Die Mutter gibt Sicherheit in der Kindheit, das Kollektiv gibt dem Erwachsenen Sicherheit: man gehört dazu. Man verfügt über alles, was das Kollektiv auch hat, was es sich in der Gemeinschaft erarbeitet hat (Strassen, Eisenbahn, Telefon, die ganze Infrastruktur der menschlichen Gesellschaft, des staatlichen Kollektivs). Man kann über alles verfügen, weil man Bürger eines Staates, einer Gemeinde ist. Es wird vom Kollektiv gewährleistet. Das setzt aber voraus, dass man sich an kollektive Gesetzmässigkeiten hält, an geschriebene und auch ungeschriebene Gesetze und Gebräuche.

Das alles findet man unten im Horoskop. Hier ist die Mutter sozusagen stellvertretend für das Kollektiv. Sie bringt einem alles bei, was man wissen, können muss, um im Kollektiv Anschluss zu finden. Das ist ihre Aufgabe, sie ist im Kollektiv am besten zu Hause.

Steht die Sonne (Vater) unten, so hat der Vater sich im Kollektiv genormt verhalten. Er mag ein lieber, netter Mensch sein, aber typische Vatereigenschaften wie Unternehmerfreude, Mut, Zivilcourage, Strahlkraft, Persönlichkeit und ähnliches mehr hat er wahrscheinlich nicht stark gehabt oder nur in den vom Kollektiv akzeptierten Formen; z. B. ist er in einem Verein gern gesehen, alle sagen »ein toller Kerl«, »bringt Leben in die Bude, es wird gelacht, wenn er da ist; er erledigt gut die Buchhaltung für den Verein, auf ihn kann man sich verlassen« usw. Das sind keine typischen Vaterzüge, sondern kollektivgenormte Funktionen. Deshalb steht die Sonne unten.

Die Mutter, Saturn, ist unten zu Hause. Ihre primäre Funktion ist, die Sicherheits-Mechanismen zu lehren und beizubringen. Steht der Saturn oben, dann hat sich die Mutter so verhalten, wie wenn sie der Vater wäre. Sie hat wohl in guter Manier väterliche Eigenständigkeit und väterlichen Individualismus gehabt. Das kommt heute oft vor. Aber es führt das Kind unter den heutigen Voraussetzungen zu Verwicklungen. Möglicherweise werden sich die Vater- und Mutterrollenvorstellungen in den nächsten Jahrzehnten so gründlich wandeln, dass man hier später anders bewertet.

Das ist eine Bewertung der Hauptplanetenstände. Ich habe sie auf die Häuser oben und unten, die Kollektiv- und Individual-Häuser beschränkt. Noch ein Wort zu Sonne und Saturn auf den Kontaktebenen, d. h. astrologisch Links-bzw. Rechtslagerung.

Sonne und Saturn auf der Kontaktebene

In den fixen Häusern nimmt die Sonne etwas saturnische Qualität an, wird formalistisch, kann nicht so vital strahlen. Sie ist ein vitales Element, möchte sich bewegen; die fixen Häuser setzen da einen Riegel vor. Der Saturn fühlt sich hier stärker, er wird in seinem Wesen bestärkt; denn es geht ja um Rollen, Formen, klar genormte Haltungen und ähnliches, was in den fixen Häusern vorgegeben ist.

Die Sonne auf der linken Seite (1. und 12. Haus) ist eigentlich erst im Aufgehen, muss noch um Anerkennung ringen. Hier ist sie stark ichbezogen, unter Ausschluss der Umwelt;

sie denkt stärker nur an sich als eine Sonne oben. Diese drängt zur Verantwortung, auch für andere; sie steht dem Kollektiv gegenüber; es ist ganz natürlich, dass sie für das Kollektiv Verantwortung trägt. Auf der linken Seite ist sie zu sehr in der Defensive am Ich. Die Sonne oben ist besser geeignet für einen Politiker als die Sonne links, wo sie zu leicht in die Defensive gerät.

Steht die Sonne im Bereich des Du-Raumes (6. und 7. Haus), so wird sie fast mondhaft, d. h. sie hat starke Anpassungstendenzen an das Du; sie erlebt sich selbst erst durch das Du, in der Spiegelung im Du, so dass es oft schwierig ist, ein eigenes individuelles Profil zu entwickeln und klar zu erkennen, was eigentlich die Eigenschaft der Sonne ist. Es ist eine Sonne, die sich nur im Spiegel sehen kann.

Wenn man das einem Menschen klarlegt, ist diese Erkenntnis oft ein quälendes, fremdes Konzept. Wenn man ihm sagt, er hänge stark von seiner Umwelt ab, er gehe in ihr auf, er brauche sie, damit er sich selbst erkennen kann, so sagt er im besten Fall »macht denn das jemand anders?«. Zunächst wird er nicht verstehen, dass es eine andere Möglichkeit gibt; mit der Zeit wird er es dann sehen.

Bei einer Sonne am DC kann ein gewisser Verlust des Ichs auftreten; ein Verlust, der daher kommt, dass man sich zu sehr dem Du zuwendet, das einen bestätigen muss. Es kann auch sein – es kommt auf das Zeichen an –, dass man das Du stark unter seine Kontrolle nehmen will; oft in einer Weise, die einen wieder abhängig vom Du macht, das man quasi beherrschen möchte. Immer ist der seltsame Mechanismus des Sich-vom-Du-bestätigen-lassens darin. Eine Form der Abhängigkeit des Ichs, die eigentlich nicht zur Sonne passt. Das würde eher zum Mond passen, da er sich hier ausgesprochen wohl fühlt; er hat die Kontaktebene vor sich, hat Zugang zum Du, wo er jede Menge Kontakte machen kann.

Der Saturn ist auf der Kontaktebene in der Klemme. Er ist ja der Schliess-Mechanismus. Hier wird er oft unter Druck kommen, denn auf dieser Ebene geschehen Kontakte jede Menge. Er wird immer zumachen wollen. Es kann vorkommen, dass er den Eindruck der Offenheit macht. Das ist aber nur ein angelerntes Offensein, kein spontanes Bezugnehmen. In solch einem Fall muss er Stück für Stück lernen, wie man nett und lieb mit den Menschen ist, wie man einigermassen einen offenen Eindruck macht. Er ist es nicht von der Substanz her, kann es aber lernen; am besten von einer Mutter, die gesellschaftlich orientiert ist und ihm Anweisungen gibt. Aber immer werden Mitmenschen, die in ihrer Lebensart stark sensorisch sind, merken, dass das alles ein bisschen aufgesetzt ist, gemacht. Sie spüren das Innere eigentlich nicht; es ist wie eine Glaswand oder Plastikhaut dazwischen; eben weil es nicht von der Substanz her spontan geschieht. Saturn ist von Natur nicht der »Aufmacher«. Er muss sich etwas angewöhnen, was er eigentlich nicht ist und kann.

Diese verschiedenen Lagen ergeben gewisse Grundvoraussetzungen. Jeder der drei Hauptplaneten hat Vorzugsorte, wo er sich relativ frei, seiner Art gemäss, entfalten kann und andere Orte, wo er mehr oder weniger gebremst oder geblockt wird, weil zuviel von ihm verlangt wird, was er nicht leisten kann.

Sonne unten und Saturn oben, das sei schlecht, darf man nicht sagen. So ist es nicht gemeint. Es handelt sich um mehr oder weniger günstige Voraussetzungen. Die Ausgangslage wurde durch das bildende und formende Milieu, in dem man aufgewachsen ist, günstiger oder weniger günstig geschaffen. Woraus man in der Folge etwas erarbeiten muss. Wenn man die Voraussetzungen kennt, kann man das Richtige tun, etwas Optimales daraus machen. Weiss man es nicht, läuft man eventuell in die Fallstricke, die da mit eingebaut sind, indem man etwas tut, was man nicht kann, versucht, sich etwas abzupressen, treibt sich in eine Frustration oder in eine Niederlage hinein. Ein solcher Versuch muss irgendwann fehlschlagen.

Wer weniger günstige Positionen in seinem Horoskop vorfindet (das geschieht jedem), darf das nicht schlimm nehmen. Man hat nur eine eingeschränkte Ausgangslage. Versteht man, was an Ungünstigem vorhanden ist, hat man eine bessere Ausgangslage und kann dem richtig begegnen. Es ist natürlich unmöglich, einen oben stehenden Saturn unten anzusiedeln oder eine unten stehende Sonne nach oben zu holen. Aber man sollte aus den falschen Funktionen, die aus den Vertauschungen als normale Ausgangslage entstehen, nicht zuviel herausholen wollen. Eine gewisse innere Distanz zu diesen Rollenzwängen zu gewinnen, ist die Voraussetzung, mehr für die Gesamtpersönlichkeit zu machen. Oft verrennt man sich geradezu in eine solche umgekehrte Position, versucht, da etwas herauszupressen, obschon man anderes zur Verfügung hat. Man hat ja 10 Planeten, nicht nur einen, der da falsch sitzt, die man auch einsetzen könnte.

Meist leidet man an einem falsch gestellten Hauptplaneten mehr als man von einem gut gestellten Hauptplaneten gewinnt. Solche Rechnungen gehen nicht auf, indem man sich ärgert, dass der eine Hauptplanet bei einem nicht funktioniert, während er es bei anderen tut. Man misst sich oft an anderen, statt sich an sich selbst zu messen. Dazu ist ja gerade die Astrologie so gut geeignet, das eigene Mass zu finden und sich nicht ständig nach irgendwelchen fremden Kriterien zu richten. Man tut es nur deshalb, weil ein so starker Druck um einen herum besteht, gegen den man nicht anargumentieren kann. Aber ein Horoskop ist immer ein gutes Argument, um sich gegen Drücke aus dem Kollektiv zu wehren. Es gibt einem das Recht, dass man so sein darf, wie man ist (ein Naturrecht) – sonst gäbe es den Menschen nicht in seiner individuellen Vielfalt.

Das Kind-Leitbild
Der Mond

Der Mond stellt im Horoskop jedes Menschen das Kind dar. Auch ein Erwachsener ist im Grunde noch Kind, wenn er liebt. In der Liebe ist er nämlich gezwungen, den Partner auf gleicher Ebene zu treffen, ob der nun ein besonderer oder einfacher Mensch ist. In der Liebe muss man sich auf der gleichen Ebene, von Mensch zu Mensch, begegnen. Anders geht es nicht. Das zwingt zu einer ganz natürlichen, spontanen und kindlichen Haltung: Alles als möglich annehmen, ganz offen sein und sich dem anderen einfach zuwenden, um zu sehen und zu erleben, was da vom anderen kommt, was für ein Austauschprozess da entsteht. In dieser Funktion ist man gezwungen, sich jung zu verhalten. Also begegnet einem als Erwachsenem gelegentlich (manchmal gelingt das häufiger) das Kindliche in uns selbst und auch in dem geliebten Menschen.

Der Mond als Symbol des Gefühls-ICHs ist ein reflektorisches Prinzip, das mit der wässrigen Substanz vergleichbar ist. Das Gefühls-ICH erlebt sich am Anfang noch ohne

Persönlichkeitsgrenzen. Gleich, wie das Wasser überall dort hinfliesst, wo es nicht aufgehalten wird, treibt das Gefühls-ICH dazu an, den Instinkten zu folgen. Die Grenzenlosigkeit und das Unbeschränktsein der Gefühls-Welt äussert sich auch darin, dass sie nicht durch das Realitätsprinzip begrenzt wird, das erst durch den Saturn vermittelt werden muss.

Der Mensch wird aber getrieben durch seine Gefühle, sein Verlangen zu lieben, seine Lust, sich zu bewegen, seinen Drang, die Welt kennenzulernen, die sich als Neugierde zeigen. Dabei stösst er immer wieder auf gewisse Grenzen, die ihn schützend oder verletzend zurückhalten, die er in eine bestimmte Bahn lenken und mit denen er sich auseinandersetzen muss.dadurch lernt er nicht nur, sich an die Realitäten des Lebens anzupassen, sondern in dem Anstossen an die Grenzen, an die Barrieren, bildet sich das Gewahrwerden des Gefühls-Ichs, das sich im Gegensatz und im Unterschied zur Umwelt erfährt und erlebt und damit immer bewusster wird. Die ICH-Erfahrung wird auf dieser Ebene möglich, wenn auch vorerst nur gefühlshaft, indem man entweder in der Liebe tief innerlich berührt oder an den Saturn, an die notwendigen Schranken und Gesetze stösst. Dadurch lernt man in der Polaritätserfahrung sich selbst und andere besser einschätzen.

Es gibt auch für den Mond einige Orte, wo er in seinem Element ist und wo er sich nicht so wohl fühlt. Er fühlt sich wohl in den vier Häusern, die um den Horizont liegen, im Bereich der dynamisch betätigbaren Kontaktebene, AC-DC, der ICH-DU-Beziehungsebene, (Begegnungsachse). Das 12. und 1., das 6. und 7. sind Häuser, in denen sich der Mond, selbst unter Bedingungen, die ihm aus bestimmten Gründen nicht so angenehm sind, doch recht wohl fühlt, weil er sich mit dem Kontakt auseinandersetzen kann. Selbst im abgeschlossenen 12. Haus, wo man oft wenig oder über lange Zeit keinen Kontakt hat, wird das Bewusstsein des Mondes auf Kontakt programmiert sein. Es wird aus dieser Stellung noch genug Selbstbewusstheit entstehen, obwohl man das 12. Haus als recht kontaktarm bewertet. Ein Mond ist da noch nicht frustriert; ausser er erhält da ausgesprochen quälende Aspekte, die ihn vielleicht blockieren. Hier hat er die klassischen Kontakträume, in denen er sich am wohlsten fühlt.

In den Räumen, die wir Sonne und Saturn zugeordnet haben, fühlt er sich meist strapaziert; hier werden von ihm Dinge erwartet, zu denen er wenig geeignet ist. Er hält nicht viel vom Sicherheitsverhalten, wie es unten im Horoskop die Norm ist. Er möchte sich frei, spontan beziehen können, wo Beziehungsmöglichkeiten auf ihn zukommen. Sitzt er unten, kann er nicht spontan reagieren, weil es sich nicht gehört »das kann man nicht machen, was denken die Nachbarn?«. Er muss sich an die Kollektivnormen halten; sie sind in der Regel einschränkend gegenüber seinem Bedürfnis nach Spontaneität. Das Einfachste ist, sich Kollektiven zuzuwenden; aber letztlich ist das für den Mond keine Befriedigung; denn er sucht vor allem persönlichen, individuellen Kontakt. Oben im Individualraum muss er eine Art Sonne spielen. Das strapaziert ihn. Er hat ja keine Strahlkraft, für Aufgaben in diesem Bereich muss man Strahlkraft haben. Infolgedessen muss man sich irgendeine Rolle aneignen, die irgendwie auf die Menschen Eindruck macht. Die einzige Rolle, die sich der Mond einigermassen naturgetreu aneignen kann, ist die Rolle des »Sympathikus«. Er muss seine Sympathie, seine liebevolle Art, seine nette Seite quasi herausdrehen, muss immer sympathisch erscheinen; dadurch bekommt er einen gewissen Rückfluss.

Üblich ist das bei jungen Stars. Sie arbeiten mit der Sympathie-Tour. Sie müssen nicht wirklich etwas können, es genügt, wenn sie gefallen, dann haben sie eine Zeitlang einen gewissen »Ruhm«. Man muss dem Kollektiv, dem Publikum vor der Bühne, der Filmleinwand, dem Bildschirm sympathisch sein. Das ist das Wesentliche, was der Mond erbringen kann, wenn er oben steht.

Meist geht der »Ruhm« mit der Jugend dahin. Der Mond unterliegt ab-und zunehmenden Phasen, es fehlt ihm die eigene Strahlkraft, er kann sie nicht selbst produzieren.

Weiter liebt der Mond nicht die Stellung in den fixen Häusern, 2., 5., 8. und 11. Haus. Hier wird er eingefroren, festgelegt, fast unbeweglich gemacht; muss starre Norm-Rollen annehmen. In den fixen Häusern regiert die Struktur. Sie kann vom Kollektiv herkommen; es kann ein kleines oder ein grosses Kollektiv die Masse sein; nicht die lebendige Masse des Volkes, die unten zu finden ist, sondern die Strukturen der Gesellschaft oder einer Minderheit, z. B. geistige Minderheit (Kirche, Sekten oder ähnliches). Diesen Rollen gemäss muss man sich dann verhalten, muss sich in die Norm einordnen und darf keinen Kontakt machen, der nicht der Norm genau entspricht. Hier spielt auch immer eine betonte Angst mit. Man ist sich bewusst, dass man gefühlsmässig eingeklemmt ist (sogenannter Sandwich-Mond).

Aspekte zwischen den ICH-Planeten

Damit kommen wir zu den Aspekten, die Wesentliches bedeuten. Grundsätzlich ist zu sagen: Der Mond ist das Kind, das kindliche Erleben gegenüber den Eltern als diejenigen Pole, die ihm später das Erwachsensein in einem menschlichen und existentiellen Zusammenhang mit ihrem Beispiel ermöglichen. Sie haben einerseits die Funktion, die Rollen vorzumachen, die man als Kind zuerst nachahmt, sie langsam lernt und sich schliesslich voll mit diesen Rollen identifiziert. (Mit gewissen Abänderungen, man kopiert die Eltern nicht blind, manches wird schon kompensiert in der Entwicklung der Leitbilder.) Das ist aber nicht das einzige, was einen die Eltern lehren. Sie zeigen auch, wie man sich mondhaft, kindhaft, also in der Liebe zu verhalten hat, einmal dadurch, dass sie einen aus ihrem Rollenbild heraus prägen, zum anderen durch ihr Verhalten, das sie gegeneinander zeigen. Das sieht man im Horoskop an den Aspektbeziehungen der drei Hauptplaneten.

Im Kinderhoroskop zeigt der Mond die kindlichen Erlebnisphasen an, insbesondere die Haltung, die man als Kind gegenüber den Eltern hatte. Das zeigt sich besonders in möglichen, nicht immer vorhandenen Aspekten des Mondes zur Sonne und / oder zum Saturn. Bestehen aspektartige Beziehungen, so ist auch eine entsprechend starke Beziehung zu den Eltern, bzw. zu dem Elternteil vorhanden.

Eltern-Kind, Kind-Eltern-Beziehung

Bei einem Aspekt zwischen Sonne und / oder Saturn zum Mond ist zu sehen, welche Art von Beziehung Vater und Mutter zu diesem Kind (und umgekehrt) hatten. Dabei ist als generelle Unterscheidung folgendes zu sagen:

Konjunktion = Extreme Bindung.
Halbierungswinkel (Quadrate, Oppositionen) = gespannte, reibende Beziehung oder Leistungsforderung.
Drittelungen (Trigone, Sextile) = »harmonische«, leichtgängige Beziehung, aber auch starke Bindung. Oft Zwang zum Wohlverhalten.
Zwölftelungen (Halbsextile, Quincunxe) = je nach Zeichen- und Hausbeteiligung unbestimmte oder Sehnsuchtsbeziehung oder zu stark kopflastig oder betont sinnliche Bezüge. Hier muss auch auf eventuell in Konjunktion stehende Drittplaneten geachtet werden. Sie können zusätzliche Bedürfnisse, aber auch Bedingungen anzeigen.

Blaue Aspekte ✶ △

Bei einem blauen Aspekt (Sextil, Trigon) ist eine relativ harmonische, unkomplizierte oder auch positive Zuwendung vorhanden gewesen – vor allem eine relativ unvoreingenommene. Die Erfahrung mit den Eltern war vorwiegend angenehm, harmonisch und ging einher mit einer vergrösserten Gutgläubigkeit gegenüber den Eltern. Das Kind nahm insofern verhältnismässig bedingungslos das, was die Eltern ihm aufprägen wollten, an.

Rote Aspekte ♂ □ ☍

Bei einem roten Aspekt (Quadrat, Opposition) war die Beziehung zu den Eltern gespannt, vielleicht sogar konfliktgeladen, d. h. nicht unbedingt Schläge oder Handgemenge: Es kann ein ständiges, unterschwelliges, hartes Spannungsfeld gewesen sein. Vielleicht ist das Kind oft zurechtgewiesen worden oder hat sich zurückgesetzt und missverstanden gefühlt. Jedenfalls deuten rote Aspekte auf intensive Spannungen, bei Opposition sogar auf Feindlichkeit und Entfremdung von einem Elternteil.

Grüne Aspekte ⚺ ⚻

Bei grünen Aspekten (30 und 150°) hat eine gewisse Ambivalenz im Verhalten bestanden. Eine Elternbeziehung, die nicht viel hergegeben hat, die zwischen Hoffnung und Verzicht schwankte und daher eine starke Bindung erzeugte. Das Kind hofft immer und bekommt doch wenig. Gelegentlich ist die Bindung nur dadurch bestätigt, dass es verzichten muss, doch innerlich weiter hofft, dass von den Eltern etwas kommen könnte.

Der 30°-Aspekt zeigt keine starke Beziehung zwischen Kind und Eltern an. Es ist mehr ein informatorischer Austausch mit dem Elternteil vorhanden gewesen, den man nicht immer ernst genommen hat. Der 150°-Aspekt (weit übergreifend auf die andere Seite) zeigt eine gewisse innere Entfernung von dem betreffenden Elternteil, die eventuell unangenehm, quälend empfunden wird. Daraus entsteht aber die Hoffnung, vielleicht doch einmal zu dem Elternteil hinzufinden (Sehnsuchtsaspekt).

Die Beziehung der Eltern untereinander

Sie wird vom Kind sorgfältig beobachtet. Das teilt sich durch Aspekte zwischen Sonne und Saturn mit. Ist hier ein Quadrat oder eine Opposition vorhanden, also *rote Aspekte,* so hat ein gespanntes oder distanziertes Verhältnis zwischen den Eltern bestanden. Beim Quadrat können es sogar Streit mit Worten oder gar Handgreiflichkeiten gewesen sein. Bei einer Opposition ist es meist eine gewisse Starre in der Haltung gegeneinander und ein ziemlich stark geprägtes Rollenverhalten, das zu einer grossen Distanz zwischen beiden geführt hat. (Im Bild gesprochen: die Eltern sitzen sich an den Kopfenden eines langen Tisches gegenüber, dazwischen sind viele Stühle und irgendwo auch die Kinder). Das kann Ausdruck von Sonne Opposition Saturn sein und zeigt ein starres Rollenspiel zwischen den Eltern an, das fast keinen Zugang zueinander hat finden lassen. Für das Kind kann es bei dieser Stellung später mit der Liebe schwierig werden, weil es unbewusst dazu drängt, bei der Partnersuche eine solche Rollenfunktion zu übernehmen. Das führt zu einer Fortsetzung des von den Eltern abgelesenen Rollenverhaltens.

Bei *blauen Aspekten* zwischen Sonne und Saturn bestand ein relativ harmonisches, entspanntes, oft auch ein ausgesprochen liebevolles Verhältnis zwischen den Eltern. Das hängt aber auch von den Zeichen ab.

Bei grünen Aspekten sprechen wir von einem Ambivalenzverhältnis, das informatorischen Charakter hat. Die Eltern lebten nebeneinander her und warfen sich gelegentlich ein Wort zu, damit die Beziehung nicht ganz aus dem Geleise geriet. Beim 150°-Aspekt haben wir eine gewisse Kühle der Beziehung, die nicht ausgeprägt und starr wie bei der Opposition ist – ein mehr verstandesmässiges Verhältnis, kein tiefgehender Zugang.

Die *Konjunktion* spielt auch eine Rolle in allen bisher besprochenen Fällen. Sie hat immer die Eigenschaft, die beiden Planeten zu einem Faktor zusammenzuschmelzen. Bei Sonne Konjunktion Saturn sind die Rollenfunktionen so vermischt, dass beide nicht mehr auseinandergehalten werden konnten. Wer war der Vater und wer die Mutter? Die beiden Rollenbilder sind nicht klar im Bewusstsein des Kindes entwickelt, es bringt die Rollen zusammen. Das setzt sich dann im Leben fort: Ist man selbst mit dem Rollenspiel Vater und Mutter an der Reihe, hat man als Mann Schwierigkeiten, ein richtiger Mann und als Frau eine richtige Frau zu sein. Immer wieder fällt man auch ins andere Extrem hinein; was von der Umwelt etwas seltsam registriert wird, weil es irritiert. Schwierigkeiten hat man auch mit dem Partner, der die Rolle wahrnehmen möchte, die ihm nach seinem Geschlecht zusteht.

Bei Sonne Konjunktion Mond oder Saturn Konjunktion Mond hat sich das Kind überstark, fast schon in einer komplexhaften Weise mit diesem Elternteil identifiziert. Zu unterscheiden wäre, ob es der gleiche oder der gegengeschlechtliche Elternteil ist: Denn im gegengeschlechtlichen Fall kann es einer der Gründe für Homosexualität sein. Wenn also der Mond eines männlichen Kindes sich durch eine Konjunktion mit Saturn identifiziert, ist *eine* der Voraussetzungen für Homosexualität geschaffen. Steht der Mond eines weiblichen Kindes in Konjunktion mit der Sonne, ist das die Ausgangslage für die lesbische Richtung. Es wird sich aber im Geschlechtlichen nur dann auswirken, wenn gleichzeitig die Libidoplaneten Mars und Venus diese Komponenten enthalten.

Keine Aspekte

Bisher haben wir von vorhandenen Aspekten gesprochen. Sie sind nicht immer vorhanden. Man kann nicht davon ausgehen, dass Aspekte zwischen Sonne und Saturn einerseits und zwischen Sonne und Saturn zu Mond andererseits notwendig sind, um irgendeine Beziehung zwischen den Eltern untereinander und zwischen den Eltern und dem Kind überhaupt anzuzeigen. Das Nichtvorhandensein von Aspekten ist eher als normal anzusehen. Jede Aspektbeziehung zwischen Mond und Sonne oder Saturn zeigt bereits eine Abhängigkeit zu dem Elternteil an. Es bereitet eine gewisse Schwierigkeit, in der Ablösezeit von dem Elternteil richtig loszukommen. Es ist wie ein Anker, der am Bein hängt. Das gilt für beide Seiten.

Sind die Hauptplaneten ohne Aspekte, haben wir den unterbetonten Fall. Ist es der Saturn, so hat die Beziehung zur Mutter gefehlt. Sie kann äusserst hektisch eine Gluckenmutter gewesen sein, aber sie hat keine Beziehung zum Kind herstellen können, von der es Nutzen ziehen konnte. Dasselbe gilt für eine Sonne ohne Aspekte: Das Kind hat vom Vater nichts Wesentliches bekommen können; es hat kein Verhältnis, keine Beziehung, keine emotionale oder anders geartete Neigung zu ihm entwickelt. Wenn Sonne und / oder Saturn keinerlei Aspekte haben, abgeschnitten oder abgehängt sind, so hat das Kind zu diesem Elternteil keine tiefgreifende innere Beziehung aufbauen können. Es ist sozusagen vater- oder mutterlos.

Ist der Mond losgelöst, abgehängt, hat er zu keinem anderen Planeten einen Aspekt, so ist das Kind elternlos. Es fühlt sich wurzellos, als ein Findel- oder Zigeunerkind. Es hat weder zu dem einen noch zu dem anderen eine echte Beziehung aufbauen können.

Praktische Beispiele

Wir wollen nun das, was in der Theorie erklärt worden ist, in der Praxis anhand von Horoskopen bedeutender Menschen anwenden. Dabei soll festgestellt werden, ob die Deutung, die wir den Hauptplaneten geben, mit ihrem Leben übereinstimmt.

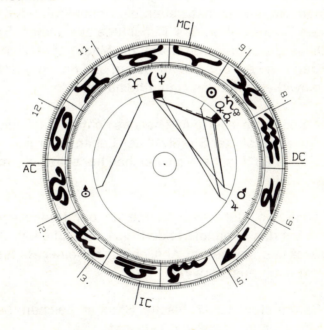

Edgar Cayce, Heiler und Seher,
18.3.1877, 15 h, Christian County.

Welcher der Hauptplaneten Sonne, Mond, Saturn überwiegt? Wie bereits beschrieben, haben wir für die Deutung genaue Beurteilungsmassstäbe. Die Tierkreisgrade um 12° sind am stärksten, die Grade am Anfang und am Ende der Zeichen sind schwach. Der Mond steht in 7° Stier, also in dem Zeichenbereich, den wir als stark ansehen. Vom Haus her steht er nahe Talpunkt (Orb je nach Grösse des Hauses 2 - 5°). Mond 7° Stier: Stark im Zeichen, schwach im Haus. Die Sonne steht in 28° Fische. Also vom Zeichen her schwach. Vom Haus her zwischen 8. und 9. Spitze, am Invertpunkt. Zum Invertpunkt ist zu sagen: An der Hausspitze wirken die Kräfte stark nach aussen, expansiv, am Talpunkt wirken sie nach innen, introspektiv, hier sind Bremskräfte wirksam. Im Invertpunkt treffen die Schubkräfte der Spitze mit den Bremskräften des Talpunktes zusammen. Er fasst die Dinge zusammen. Auf das rechte Mass gebracht, können die Kräfte wie ein Laserstrahl scharf und richtig gesetzt auf das einwirken, was das Hauptthema ist.

Diese Sonne am Invertpunkt hat das richtige Mass und kann sich wie ein dosierter Strahl mit den Lebensenergien einsetzen. Sonne 28° Fische: Vom Zeichen her schwach, im Haus relativ stark!

Am stärksten steht eine Sonne an der Hausspitze. Die Sonne als das expandierende Prinzip, als Vitalität. Die Lebenskraft als solche hat Ähnlichkeit mit einer Hausspitze, weil sie nach aussen wirkt.

Der Saturn steht 12°47' Fische. Stark im Zeichen (bei 12°) und schwach im Haus (am Talpunkt).

In der Zusammenschau heisst das: Zwei Hauptplaneten stehen am Talpunkt, einer am Invertpunkt – also keine Spitzenfaktoren.

Das ergibt folgende Deutungsmöglichkeit der Gesamtpersönlichkeit: Da keine Hausspitzenstellungen vorhanden sind, ist es keine Persönlichkeit, die extravertiert nach aussen wirksam wird. Erfolg, Anerkennung usw., die eine Spitzenstellung erbringen, sind für diesen Menschen nicht wichtig. Mit Mond und Saturn am Talpunkt ist diese Persönlichkeit nach innen orientiert. Ich-Ansprüche an die Welt können nicht ohne weiteres befriedigt werden. Der Mensch wird vom Leben her Enttäuschungen erleben und damit zufrieden sein, dass die Lebenskräfte, die normalerweise nach aussen drängen, nach innen schauen.

Die Talpunkte sind Einstülpstellen, Wege zum inneren Zentrum, dem Kreis in der Mitte, dem Sitz unseres innersten Wesens, des Selbst. Die Talpunkte sind Stellen, mit denen man sich auf den zentralen Willen einstellen kann. Beim Alterspunkt bedeuten Talpunkte Perioden innerer Einkehr.

Ist jemand so geboren, dass Persönlichkeits- und Ich-Kräfte nach innen gehen, so ist er mit seinem innersten Zentrum im ständigen Austausch. Weiss er das und orientiert sich geistig, kann er von seinen inneren Quellen gespeist werden. Bei Cayce wissen wir, wer er war, was er in seinem Leben angestrebt hat und haben den Beweis dafür, dass er den Kontakt mit anderen Dimensionen hatte. Er hatte parapsychologische Fähigkeiten, die durch die dazugehörigen Planetenkräfte angezeigt sind. So hat der Neptun, der beim Mond steht (diese Konjunktion wurde früher Medienaspekt genannt), mit parapsychologischen Fähigkeiten zu tun, insbesondere, wenn er am Talpunkt steht. Solche Menschen sind transzendentalen Einflüssen offen. Wenn sie das bewusst in ihrem Leben entwickeln, den Weg nach innen gehen, wird das noch stärker. Das blaue Dreieck zeigt eine Begabung an, die ohne Mühe wirksam wird.

Der Saturn fühlt sich am Talpunkt zu Hause, denn er ist von der Qualität her das Prinzip der Kontraktion, der zusammenziehenden Kräfte, der Kristallisation, der Stabilisation. Steht er am Talpunkt, der ja auch diese zusammenziehende Kraft hat, hat er einen Platz, der seiner Qualität entspricht. Saturn steht also vom Haus her stärker als Mond. Warum? Der Mond steht ja auch am Talpunkt. Wenn man sich das qualitativ ansieht, Mond 7° und Saturn 12°, mit diesem kleinen Unterschied, kann man nicht unbedingt sagen, Saturn steht stärker als Mond. Da ist noch ein Austauschprinzip vorhanden. Welches? Saturn steht in einem beweglichen, Mond in einem fixen Zeichen. Mond ist ja das bewegliche, das rezeptive Prinzip, das immer offen sein soll; im fixen Zeichen wird er eingeschränkt. Saturn steht in einem beweglichen Zeichen, wo eigentlich der Mond stehen möchte. Vom Zeichen her stehen die Planeten einer an des anderen Stelle.

Zusammenfassend kann man sagen: Saturn steht am stärksten, gleich danach kommt Mond; die Sonne steht am Invertpunkt gut, wird aber vom Zeichen her wenig genährt.

Nun zum Aspektbild: Welcher Ich-Planet steht stärker, wer hat die grösste Begleitmannschaft? Der Saturn. Die Sonne ist mit einem Quadrat zum Jupiter angehängt.

Wenn man die einzelnen Elemente aufschlüsselt, darf man nicht in Einseitigkeit verfallen, sondern muss die Gesamtpersönlichkeit ansehen. Wie funktionieren nun die drei Faktoren gesamthaft?

Cayce hat vom Saturn, vom physischen Ich her, nach Haus und Zeichen eine Tendenz des Sich-Zurücknehmens, hat keine grossen Ich-Ansprüche. Fische, bzw. 12. Haus, enthalten die Kräfte der Selbstüberwindung, Selbstauflösung. Da zieht man sich zurück, geht wieder nach innen und sucht, wenn man mit dem Alterspunkt da angekommen ist, nach Kontakt mit dem transzendentalen Seelenbereich. Den Fischen mit Saturn fällt es leicht, sich vom Physischen her mit dem Opfer, den nicht erfüllten Bedürfnissen abzufinden. Cayce hat immer am Hungertuch nagen müssen, hatte nie genug materielle Mittel, um das zu verwirklichen, was er wollte. Es war ihm auch nicht so wichtig, das sieht man an der Talpunktstellung des Saturn in den Fischen.

Der Mond als Gefühlsplanet stellt am Talpunkt keine grossen Ansprüche. Wenn er solche gestellt haben sollte, kann die Erfüllung nur beschränkt möglich gewesen sein. Stier braucht persönliche Zuneigung, ist auf sein Ich eingestellt, muss auch ein starkes Ich entwickeln. Mond in Stier hat wahrscheinlich seine Bedürfnisse anmelden können (es ist ein Erdzeichen) nach aussen. Ein Stier-Mond hat äussere Bedürfnisse, die er befriedigt haben möchte, dazu ist auch vom Aspekt her die Möglichkeit vorhanden. Allerdings am Talpunkt nicht laut, nicht fordernd, nicht ohne grosse Hemmungen, sondern mehr introvertiert, fein und mit einer höheren Idealität.

Warum deute ich das so? Um den Mond zu verstehen, muss man auch den Neptun mit einbeziehen. Er stellt das höhere Liebesideal dar. Der Mond steht auf der Planetentafel (siehe Seite 14) im mittleren Bereich. Mond und Neptun sind Liebes-(eigentlich Kontakt-) Prinzipien, die da zusammenklingen. Der Mond als rezeptives Prinzip muss in diesem Horoskop mit dem Neptun, dem Talpunkt und seinen blauen Aspekten noch anders betrachtet werden. Da ist kein Spannungsaspekt dabei, der ablenken könnte. Die Energien oder Bedürfnisse fliessen hier rund und harmonisch mit den blauen Aspekten.

Der Mond als Gefühls-Ich reflektiert hier den Neptun. Das Gefühl ist immer offen (Mond mit seiner Schale) und will erkannt sein. Er braucht ein Du, das er liebt, mit Neptun ein höheres Ideal der universellen Menschenliebe. Wir haben den Mond mit dem Kind identifiziert. Ein Kind braucht das Reflektierende in sich, damit es von der Umwelt erkannt, geschützt, gepflegt, erzogen wird. Wir identifizieren das Mond-Prinzip mit dem Seelischen, wenn wir von Geist, Seele, Körper sprechen. Also kann man sagen, dass dieser Mond nach oben hin und nach innen hin offen ist. Nach oben hin zu Neptun, der ja das Transzendentale, das höhere Liebesprinzip, die göttliche Liebe ist. Am Talpunkt gleichzeitig nach innen, mit Stier als Zeichen auch den Gefühlswerten und Genüssen zugeneigt. Dieser Mond hat ein Sextil zum Saturn. Saturn stellt das physische Ich dar, den Drang des Menschen, der ihn auch physisch am Leben erhält. Selbsterhaltungstrieb im Zusammenhang mit Sicherheit, Abschliessung und Wahrnehmung des eigenen Ich-Raumes vom Physischen her. Da ist die Tendenz vorhanden, dass man sich in der Welt (Saturn hat mit Realitäts-Bewusstsein zu tun) einen Platz sichert. Hat einer einen guten Saturn, hat er die Möglichkeit, sich physisch einen Raum zu schaffen, wo er steht und sich nicht wegdrücken lässt. Er verleiht Stabilität. Steht er im transzendentalen Fische-Zeichen, am Talpunkt im 7. Haus, mit Venus, Merkur und Mondknoten, Sextil vom Mond, Neptun und vom Jupiter, wie kann man da das physische Ich absichern? Wir haben schon vom Mond her eine geistige Note herausgearbeitet, ein verfeinertes Ego im Mond. Wie ist es jetzt im Physischen? Vom Zeichen her auch verfeinert, da Fische ein bewegliches, wässriges, durchlässiges Zeichen ist. Man kann sagen, sein physischer Saturn ist durchlässig für das innere Leben, am Talpunkt auch für geistige Kräfte. Menschen mit Saturn in Fische neigen nach meiner Beobachtung körperlich nicht zur Kristallisation (das eher bei Saturn in fixen Zeichen), weil Fische den Saturn verfeinert, durchlässig macht, aufweicht. Cayce hat Anweisungen gegeben, wie man den Körper heilt. Das Geistige spielte eine grosse Rolle. Er empfahl, das Leben zu ändern, die Gedankenwelt in Ordnung zu bringen (9. Haus, Merkur und Venus). Das 9. Haus verlangt Bewusstheit, eigenes Denken, eigene Verantwortung, eigene Regie.

Nun die Sonne als letztes Element. Die bewusste Ich-Funktion auf der Mentalebene ist durch das Zeichen Fische (28°) geprägt. Fischemenschen haben es nicht leicht, vom Verstand her Selbstbewusstsein zu demonstrieren; sie sind eher Gefühlsmenschen. Es ist nicht einfach, dieses Ich auf der Mentalebene in sich bewusst aufzuspüren. Eine Sonne im 8. Haus leidet unter der Gesellschaftsstruktur, unter den Pflicht-Mechanismen, sich den Forderungen vom Du, der Umwelt, der Struktur stellen zu müssen. Sie ist durch ein Quadrat an Jupiter angehängt, d. h. sie ist nicht voll integriert. Man kann den Schluss ziehen, das blaue Talentdreieck als Fähigkeit konnte nicht vom Verstand integriert werden. Das muss für ihn ein Problem gewesen sein, muss ihn bei der Gesellschaft suspekt gemacht haben; darunter hat er gelitten, weil man ihn nicht für voll genommen, nicht akzeptiert hat. Jupiter ist die Sinnenwahrnehmung, die richtige Einschätzung vom Ich her. Bei Sonne Quadrat Jupiter schätzt man sich selbst falsch ein oder man wird von der Umgebung falsch eingeschätzt. Das Einschätzungsvermögen ist gestört, weil Jupiter hier nicht die richtigen Proportionen zeigt. Wenn man sinnenwach lebt, sieht man, wo alles hingehört und wie es zusammenpasst. Bei den Alten war Jupiter der Erfolgsplanet, der Glücksplanet, mit der Sinnenwachheit funktioniert und reagiert man eben richtig.

Albert Schweitzer
14.1.1875, ca. 23.50 h, Kaysersberg/Elsass.

Sonne in 24° Steinbock, nach dem IC (19°), noch nicht am Invertpunkt, keine spitzenscharfe Sonne, aber nahe der Spitze. Saturn 14° Wassermann läuft auf die Spitze (18°) zu, kurz vor der fixen fünften Spitze. Er steht im fixen Zeichen, wo er gerne steht. Wie erwähnt, steht die Sonne lieber oben und Saturn lieber unten. Saturn steht vom Zeichen und Haus her stärker, die Sonne schwächer (weil sie unten steht). Mond 26°32' Widder, noch am Invertpunkt des 7. Hauses. Mond im kardinalen Zeichen (Widder) und im kardinalen Haus (7.), aber am Ende des Zeichens. Also Saturn am stärksten, dann Mond (steht beim Du gut, Kontaktprinzip), dann Sonne. Saturn ist das physische Prinzip, die Form, die Kristallisation, die Stabilisation, in Wassermann nahe der 5. Spitze steht er am stärksten. Die Sonne bildet mit dem Mond Konjunktion Mondknoten / Neptun eine Extrafigur.

Sonne Quadrat Mond: Eine Konfliktbeziehung von Kind und Vater, eine starke Beziehung, weil ein Aspekt besteht, nämlich ein Quadrat. Mond, das sensitive Prinzip, Kontakt- und Liebeswunsch, leidet unter einem Quadrat. Er muss in einer bestimmten Weise reagieren, um diesen Vaterkonflikt zu kompensieren. Sonne hat ja mit dem Selbstbewusstsein zu tun. Das wird immer als Selbstbewusstseins-Problem, als Ich-Motivation mitspielen, trotz der Mond-Neptun-Konjunktion, als Fähigkeit, sein eigenes Ich-Gefühl (Mond) anzuknüpfen an grössere Liebesdimensionen (Neptun); Neptun als die universelle Menschenliebe, das humanitäre Prinzip, etwas, das einen zur Ichlosigkeit hinbringen will, zu überpersönlichen Zielen, zu grösseren Bereichen der Liebe, des Helfens auch im grösseren Rahmen.

Das Liebesideal des Neptun wird hier den Ich-Wünschen hinzugefügt, aber nicht konfliktlos. Hier ist ein Kampf, ein Weg der Entwicklung, den man suchen muss, damit man die höheren Ideale des Neptun zusammen mit dem Ich-Gefühl Mond in das Du hineinlegen kann (weil es auf die Du-Seite hinzielt). Der Mond steht am Invertpunkt, muss also irgendwie diese höhere Idealität verwirklichen wollen (Invertpunkt verlangt immer Verwirklichung). Aber das Quadrat von der Sonne bleibt da, also wird ein Ich-Problem hineinprojiziert, mitmotiviert. Mond im Widder verlangt auch vom Zeichen her Geltung, Ich-Bestätigung. In was hinein wird mit Sonne am IC versucht, das Ich-Problem zu projizieren und zu lösen? In ein bestimmtes Kollektiv, weil hier Steinbock das Kollektiv prägt, nicht in ein verschwommenes (letzteres würde gelten, wenn Krebs da wäre oder ein bewegliches Zeichen). Wir wissen, dass Steinbock ins 10. Haus der Berufung gehört und dass Steinbock immer mit einer Aufgabe betraut sein will, um sich selbst zu erfahren (Steinbock-Menschen sind Berufsmenschen, die einen Beruf brauchen, um sich voll einsetzen und sich selbst verwirklichen zu können). Albert Schweitzer musste Macht über ein bestimmtes Kollektiv haben. Die Motivation ist wichtig bei dieser Ich-Aufschlüsselung.

Der Merkur ist nahe bei der Sonne. Das Denken ist an das Ich geknüpft, die Verstandesfähigkeit ist mit der Motivation immer wieder auf sich selbst gerichtet, subjektives Denken.

Jupiter Quadrat Sonne heisst: Die Einschätzung der physischen Fähigkeiten ist nicht ganz in Ordnung. Er hat vieles falsch eingeschätzt, sein Selbstbewusstsein (Sonne), seine Problematik (Vater-Problem) und die realen Situationen in seiner Umwelt. Sein von aussen nicht sofort erkanntes Ego hat er so auf die Arbeit projiziert. Er hat Härten mit in seine Aufgabe im Kollektiv hineingebracht, die nicht ganz der Idealität entsprochen haben, die der Neptun verlangt. Dazu kommt der Mondknoten. Er zeigt die Stelle an, wo man den ersten Schritt gehen muss. Er steht nahe Talpunkt 7 (5° Orb). Also zeigt er an, dass da etwas entwickelt werden muss, nämlich die Fähigkeit, bewusst auf das Du einzugehen, die Sensitivität, die er eigentlich hat. Mond Konjunktion Neptun macht sehr sensitiv, weil Mond ein grösseres Spektrum reflektieren kann. Albert Schweitzer konnte schlussendlich beide zum Wohle des Du einsetzen. Das ist eigentlich sein Streben gewesen, wenn er helferisch tätig war. Für ihn war es wichtig, diese Aufgabe für Minderentwickelte zu übernehmen. Das war für ihn die Möglichkeit, sein eigenes Problem zu lösen.

Astrologische Psychosynthese

Die Astrologische Psychosynthese basiert auf den durch Prof. Roberto Assagioli (Florenz/Italien 1888-1974) schon 1911 gemachten Aussagen, dass der Mensch ein geistiges Zentrum besitzt, das »höhere Selbst«, das die zentrale Lebensessenz des Menschen darstellt, um das herum sich die Persönlichkeit aufbaut. Durch meine dreijährige Assistenzzeit und persönliche Schulung durch Assagioli in Florenz hatte ich die Möglichkeit, diese grundlegenden Erkenntnisse mit meiner astrologischen Konzeption zu verbinden.

In mir ist eine Psychologie vom Menschen entstanden, die die modernen psychologischen Erkenntnisse mit dem astrologischen Wissensgut vereint. Diese Synthese von Psychologie und Astrologie ermöglichte sowohl eine differenzierte Erfassung der Persönlichkeit wie auch eine Integration und Neuformung des ganzen Menschen – eine Psychosynthese. Dabei wird die Kausalität menschlichen Verhaltens in ihren Wurzeln erkannt und dem Menschen in seinem wahren Wesen gerecht. Wertungen von »gut« und »schlecht« sind daher nicht mehr möglich.

Die Integration der dreifachen Persönlichkeit erfolgt durch den stärksten Ich-Planeten. Die Psychosynthese erfolgt durch das Zentrum in der Mitte. Im Zentrum des Horoskopes haben wir einen Kreis, durch den wir keine Aspekte ziehen, wir lassen ihn offen, unangetastet. Nach Roberto Assagioli ist es das »transpersonale Selbst«, das vereinigende Zentrum, zu dem wir alle hinstreben, bewusst oder unbewusst.

Er unterscheidet zwischen dem Ich, dem persönlichen Selbst und dem höheren Selbst des Menschen, das mit dem transzendentalen Bewusstsein eins ist. In seiner Psychosynthese zielt er darauf hin, dieses innere Zentrum als synthetisierende Kraft bewusst zu machen. In der Astrologischen Psychologie sehen wir dieses Zentrum in der Mitte des Horoskopes. Wir lassen den Kreis in der Mitte, den Raum im Zentrum des Horoskopes offen und sind dadurch gefordert, diesen Raum aufzusuchen. In meinen Kursen kann ich immer wieder sehen, dass viele Kursteilnehmer nur schon auf Grund der Tatsache, dass sie sich mit dieser neuen Konzeption des Menschen befassen, damit beginnen, ihr Leben neu zu betrachten, neu zu beurteilen und sogar Änderungen in ihrer Lebenshaltung und Lebenswirklichkeit vorzunehmen. Ich betrachte diese Arbeit als eine Schulung zur Bewusstseinserweiterung und Persönlichkeitsneuformung. Wir nennen diesen Prozess auch eine astrologische Psychosynthese – in der der Mensch mit Hilfe seines Horoskopes sich selbst erkennt, wie er wirklich ist, sich damit identifizieren kann und in einer Neuformung als Ganzheit eine Synthese findet.

Dabei spielen die drei neuen Planeten Uranus, Neptun und Pluto eine wesentliche Rolle. Sie bewirken nämlich eine Transformation des Bewusstseins in geistige Bereiche menschlichen Gewahrwerdens.

Die drei geistigen Planeten: Uranus, Neptun, Pluto

Bisher haben wir eine Bestandsaufnahme der dreifachen Persönlichkeit gemacht, die die Grundlage für jegliches geistige Wachstum bedeutet. Daraus können sich Schwierigkeiten ergeben, Krisen, die mit diesem Wachstum zu tun haben. Aber auch hier gibt es in der astrologischen Konzeption Auswege, die in den drei neuen Planeten, den transpersonalen Wesenskräften liegen. Vor etwa fünfhundert Jahren waren die Möglichkeiten, die wir jetzt besprechen wollen, noch nicht in dem Masse oder nur für wenige Menschen überhaupt da.

Astrologisch gesehen, hängt das damit zusammen, dass damals diese drei Planeten noch nicht zur Verfügung standen. Ein wesentliches Unterscheidungsmerkmal der drei neuen Planeten zu den sieben alten besteht darin, dass wir die alten Planeten mit unbewaffnetem Auge wahrnehmen, die neuen nur mit Hilfe von Fernrohren finden und sehen. Man kann sie nicht mit den alten vergleichen, weil sie schon von der Physik her eine andere Ordnung einnehmen.

Bei den neuen Planeten handelt es sich, menschheitsgeschichtlich gesehen, im eigentlichen Sinn um neue Fähigkeiten, die die Menschen vorher zumindest nicht als Massenerscheinung gehabt haben.

Es handelt sich bei ihnen um neue Eigenschaften des Menschen, um immaterielle, das heisst geistige Eigenschaften. Deshalb bedeuten sie für uns, weil wir sie nicht sehen können, etwas, das im geistigen oder feinstofflichen Bereiche liegt. Wir können sie nicht so einfach nehmen wie die anderen Planeten. Deshalb sind sie auf der Planetentafel, Seite 14, in eine Sonderklasse eingeordnet.

Wenn wir die qualitative Funktionsweise dieser Planeten ansehen, so handelt es sich wohl um bekannte Funktionen. Aber sie gehören einer anderen, nämlich einer transpersonalen Dimension an. In gewissem Sinn sind sie eine Überhöhung oder – noch neutraler – eine Andersauswirkung von den darunter liegenden Hauptplaneten. Uranus ist der Qualität nach dem Saturn verwandt, der Neptun dem Mond und der Pluto der Sonne. Das gibt uns einen Hinweis für ihre Bedeutung. Wir können von uns bekannten Qualitäten ausgehen, müssen allerdings etwas Bestimmtes abstreichen, um zu der reinen Qualität zu kommen, die bei den neuen Planeten massgeblich ist. Bei den Hauptplaneten war das »Ich« der Schlüsselbegriff. Will man die neuen Planeten verstehen, muss man das Ich transzendieren. Hier haben wir rein geistige Funktionen, die ihrer Qualität nach genau mit Saturn, Mond und Sonne übereinstimmen, aber ohne ein Ich zu beinhalten.

Nun zeigt es sich sonderbarerweise bei Einbeziehung dieser geistigen Organe in der Arbeit mit Menschen – Beratung, Therapie –, dass sie als neue Integrationsfaktoren bei Schwierigkeiten, die im Persönlichkeitsbereich bestehen, geeignet sind, Persönlichkeitsprobleme zur Lösung zu bringen, die aufzulösen auf den unteren, uns längst vertrauten Stufen nicht möglich ist.

Das ist ein entscheidender Grundgedanke, der hier erfasst werden muss, weil wir sonst die neuen Planeten nur negativ sehen, wie das ja weitgehend in der Literatur auch geschieht. Man sieht offensichtlich nicht, dass es sich um ganz andere Bezugsebenen handelt, mit denen diese Planeten zu tun haben. Es sind nicht die Persönlichkeitsbereiche im normalen und gewohnten Sinn, sondern höhere Oktaven davon auf geistiger Ebene. Diese Planeten können natürlich leicht missverstanden werden, erstens, wenn wir kein Konzept von geistigen Dimensionen haben, und zweitens, wenn sie ichhaft zur Aufbesserung des eigenen Ichbildes herangezogen werden. Dann erleben wir sie nicht als individuelle Merkmale, sondern als fatale Anknüpfungspunkte an Kollektivschicksale. Auch wenn sie dem einzelnen Menschen nicht bewusst sind, so wirken sie trotzdem auf ihn ein. Sie sind dann die eigentlichen Kontaktstellen zu den im Kollektiv vorhandenen Vorgängen, die wir Kollektivschicksal nennen. Deshalb hat man auch gleich nach der Entdeckung der neuen Planeten negative Auswirkungen festgestellt: Sensationen, Zerstörung, Katastrophen, Perversitäten usw. Wenn die geistigen Planeten nicht bewusst gelebt und kultiviert werden, wird man automatisch in Kollektivschicksal verwickelt. Das Kollektiv kennt Störungen, die nicht Eigenart des einzelnen Menschen sind, sondern Eigenart der Ansammlung von Individuen, die sich als Kollektiv erleben und bekennen. Positive Auswirkungen der drei neuen Planeten können deshalb nur von einem individuellen Bewusstsein erfahren werden, das überpersönliche, transpersonale Motivationen bejahen und verwirklichen kann, wozu heutzutage immer mehr Menschen fähig sind. Dies führt dann zur Astrologischen Psychosynthese.Um diesen Prozess zu veranschaulichen, habe ich ein Konstitutionsmodell geschaffen, die Amphora oder kurz »Flasche«. Ich unterscheide dabei das Individual- oder Persönlichkeitsbewusstsein im Flaschenbauch und das geistige Bewusstsein im oberen Bereich.

Die Konstitution des Menschen

In der Zeichnung wird eine Amphora oder »Flasche« dargestellt, in deren Mittellinie die Planeten aufgereiht sind und zu einer Gleichschaltung der dreifachen Persönlichkeit mit den höheren Funktionen Uranus, Neptun und Pluto hinführen. Dabei stellt Neptun als die höhere Liebesfunktion den sogenannten »Flaschenhals« dar, der bei jeder höheren Entwicklung passiert werden muss. Saturn hingegen steht am tiefsten Punkt, gleich einem Bleigewicht, der die körperli-

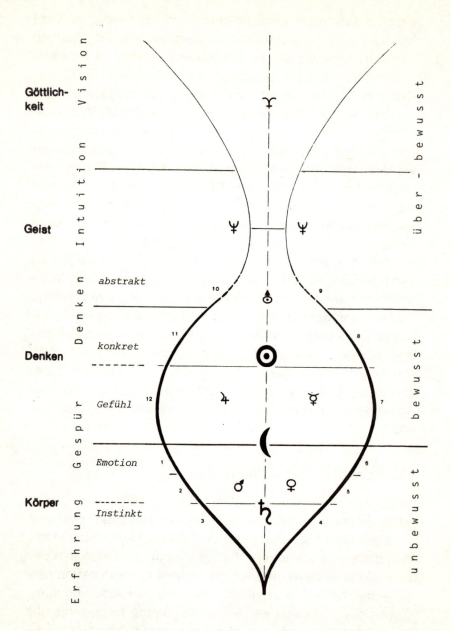

che Verankerung und damit die innere Festigkeit anzeigt. Eine ganz neue Einstellung zum Saturn als dem körperlich-materiellen Prinzip führt zu einer Befreiung und Transformation der ganzen Persönlichkeit, wobei die drei höheren Planeten mit den drei Hauptplaneten eine Synthese eingehen.

Die Flasche hat greifbare, erlebbare Grenzen, das Flaschenglas. Oben wird es scheinbar etwas undicht. Es gibt auch einen Flaschenhals, wie das sein muss. Aussen sieht man Begriffe, die gewisse Schichten darstellen. Man könnte sagen, etwa die unteren beiden Schichten, innerhalb der Flasche drei Schichten, stellen den normalen, täglichen Hausgebrauch des Durchschnittsmenschen dar. Es ist das, was wir bisher als Persönlichkeit abgehandelt haben: Saturn der physische Körper; Mond die Psyche des Menschen, die emotionale und Gefühlswelt; Sonne sein Intellekt, Verstand, Wissen usw. Die verschiedenen Bereiche sind der Ordnung halber getrennt dargestellt. In Wirklichkeit durchdringen sich die Funktionen individuell verschieden stark.

Wir haben also drei Hauptbereiche, gekennzeichnet durch die drei Hauptplaneten. In ihnen wohnt das bisher abgehandelte Ich in den drei Darstellungs- und Erlebensformen. Man sieht, Mars und Venus sind dem untersten, Jupiter und Merkur dem mittleren Bereich zugeordnet. Daraus folgt: Die Entwicklung eines Menschen fängt an bei seiner Geburt, geht weiter durch die Schichten empor zu einem erwachsenen, normalen Menschen hin.

Damit ist der Mensch aber nicht fertig. Mindestens eines kommt noch in seinem Leben, dem er unter keinen Umständen widerstreben kann und das bereits etwas Geistiges ist, nämlich die Liebe. Durch die Liebe geschehen auch im Durchschnittsmenschen die stärksten Durchbrüche. Wir hatten die Liebesfunktion ja schon beim Mond, er ist an sich liebesfähig, nur bei ihm wirkt immer das »ich will geliebt sein« mit herein, das Ich spielt eine Rolle. Durch dieses »ich will geliebt sein« erlebt man sich als Mond-Ich. Nun passiert es einem Menschen irgendwann einmal, dass er liebt, ohne selbst geliebt zu werden und es trotzdem gut findet. Das ist ein Einbruch, der von der eigentlichen Liebe herkommt. Sie ist nicht mehr ichhaft, will nicht mehr geliebt werden, will nicht den anderen Menschen haben. Sondern sie versucht, eine Liebe zu leben, die keine Bedingungen stellt, die einfach einem Ideal entspricht: Neptun. Das sind Einbrüche vom Geistigen her. Es ist das hier für uns am leichtesten Zugängliche.

Es gibt noch eine andere Form, die wir nicht unbedingt klar und bewusst als geistig definieren würden: Der Einbruch des Geistigen, der am häufigsten beim Wissenschaftler vorkommt: Uranus. Ich meine nicht den Akademiker, sondern den echten Wissenschaftler und Forscher. Es gibt viele Menschen ausserhalb der wissenschaftlichen Forschung. Sie strengen ihren Geist an, suchen nach Lösungen, die nicht im bekannten, gewöhnlichen Lösungsraum liegen. Sie gehen neue Wege, die zu neuen Erkenntnissen führen. Wir erleben das auch in der Astrologie. Da strapazieren wir den Uranus. Wir strengen uns an, jenseits des Wissens zu kommen, das uns bekannt ist. Da sehen wir, dass innerhalb des uns bekannten Wissens keine Lösungen zu finden sind und suchen weiter. Wir getrauen uns sogar, über das Normale hinauszugehen. Wenn wir Astrologie betreiben, stellen wir uns ausserhalb der offiziellen Wissenschaft. Wir begeben uns damit auch der Sicherheiten, die die Wissenschaft gibt, denn etabliertes Wissen macht sicher.

Die Fähigkeit des Menschen, im normalen, bekannten Raum

zu forschen, wird durch Sonne mit Hilfe von Jupiter und Merkur betätigt, und das führt zu gesichertem Wissen. Dieses fällt gewissermassen in den saturnischen Bereich hinunter und sammelt sich dort an. Akademien und Universitäten sind physische Instanzen, die das vermitteln, was da unten an erreichtem und verarbeitetem Wissen anfällt. Im saturnischen Bereich des physischen Gehirns, der Bücher und der Computer, die dem Gehirn gleichzustellen sind, kristallisiert sich das Wissen in feste Formen aus.

Unter den vielen akademischen Wissenschaftlern gibt es nur wenige, die Forscher sind. Viele sind einfach Hüter traditionellen Wissens und setzen jeder Neuerung eine Sperre entgegen. Warum soll sich der Saturn bewegen, wenn er keinen echten Grund dafür hat – eine Maxime, die auch Wissenschaftler verfolgen. Der Wissenschaftler ist auch ein Mensch, der an dem hängt, was er hat. Darüber kann er verfügen, mit dem kann er funktionieren. Kommt etwas Neues, stört es die alte Ordnung, und das kostet Anstrengungen.

Der Uranus ist da anders. Er muss die Grenze des Denkens und Betrachtens verlassen. Er dringt in Räume vor, die ihm vorher unbekannt waren. Er geht viele mögliche Risiken ein, die ihn eventuell in die Wüste hineintappen lassen, wo er nichts oder nur Unsicheres findet. Beim uranischen Forschen kann man angestrengt, konzentriert denken, meditieren, systematisch forschen und schliesslich zu etwas kommen. Die neptunische Liebe aber fällt über uns her, man ist ihr ausgeliefert. Höchstens kann man sie im Nachhinein wegdiskutieren. Auf jeden Fall muss man durch den Flaschenhals hindurch. Man muss diese Anstrengung machen, nämlich mutig sein, zu dem stehen, was man hier entweder bewusst betätigt (uranisch) oder was man erlebt hat und zu dem man eigentlich innerlich ja sagen möchte. Beim Neptun im Flaschenhals muss man sich einen Ruck geben und sich ausserhalb der Normalität stellen. Diese echte Leistung erbringt nur der Mensch, der ein gewisses Bewusstsein erlangt hat und weiter will.

Alle anderen ziehen es vor, in dem sicheren Bauch der Flasche zu bleiben. Sie bewegen sich da, sausen herum und erleben immer wieder dasselbe in verschiedenen Variationen. Damit sind sie voll zufrieden. Sie suchen nicht Wachstum, sondern höchstens Veränderung, Abwechslung. Das ist ein Unterschied, denn dafür muss man nicht durch den Flaschenhals hochsteigen.

Ganz oben in der Zeichnung »Flasche« steht der Pluto. Er kann mit dem Begriff Wille bezeichnet werden. Bei dem waghalsigen Emporklettern durch den engen Flaschenhals läuft man sogar Gefahr, aus der Flasche auszukippen, weil sie da nicht mehr so massiv ist, sondern undicht wird. Man kann da ausflippen. Man hat auch regelmässig Angst, sein Persönlichkeitsprofil einzubüssen. Das Ich kommt an diesem Punkt ins Wanken. Es fühlt sich in Gefahr zu zerfliessen, nicht mehr zu sein, wie es vorher war, so sicher in sich gefügt. Es zerfliesst natürlich nicht, es nimmt andere Kriterien an und misst sich an ihnen. Es bleibt selbstverständlich bestehen, ist aber nicht mehr dasselbe.

Heute gibt es die transpersonale Psychologie, die sich mit dem befasst, was oben in der Flasche ist, die die Tatsache integriert, dass der Mensch über sich hinaussteigen kann, ohne sich selbst zu verlieren. Denn das Ich darf sich nicht auflösen, es muss erhalten bleiben. Aber die Gefahr der Auflösung nehmen wir wahr, gewarnt durch die Erlebnisse der Vergangenheit. Wir heutigen Menschen müssen den

Weg bewusst gehen. Wir müssen das Wagnis auf uns nehmen und werden erst dann willensfähig.

Den oberen Bereich haben wir mental geistig genannt. Er bezeichnet einerseits die eingeschränkte Form von Intellekt, die heute so gängig ist und so hochgelobt wird, weil sie uns das Brot bringt, andererseits die höhere mentale Funktion. Sie ist uranisch, eine Funktion, die über die Persönlichkeit hinaus wirken kann. Nicht nur in den eingespielten Bahnen des physisch Gewohnten und des etablierten Wissens, sondern das Wagnis der echten Forschung, die weiterführt. Der mentale Raum hat also zwei Möglichkeiten: Die eingeschränkt intellektuelle, physisch gebundene Form des Denkens und die höhere Form uranischer Art, die vielleicht auch immaterielle Realitäten und Gesetzmässigkeiten erkennt.

Neptun, das höhere Liebesprinzip, schafft die Identifikation mit anderen Wesen. Wer liebt, identifiziert sich mit dem Anderen, eine Fähigkeit, die mit Neptun zusammenhängt. Auch die Liebe wird durch neptunische Bewegung gewandelt, die uns zu anderen Dimensionen emporreisst. Das geschieht intuitiv. Die Liebe kann man als intuitiv bezeichnen.

Und Pluto: Sein Wille ist visionär, der Pluto-Atem macht visionär. Man kann bei allen Fähigkeiten, auch parapsychologischen, feststellen, dass Pluto sich visionär im Bewusstsein des Menschen äussert. Das muss nicht ein optisches Bild, es kann ein Gehör-, Geruchs-, Geschmacks- oder Tastbild sein. Pluto kann gleichsam alle Sinne einsetzen.

Begibt er sich mit Mond in eine starke Konjunktion oder Opposition – hier am ausgeprägtesten –, dann entsteht eine

Fähigkeit des Hellfühlens. Ich fühle allerlei Dinge, Bilder, die aus Komplexitäten zusammengesetzt sind, ich kann etwas sehen, riechen, gleichzeitig Stimmen hören usw. Der Mond mit seinem ganzen Persönlichkeitsfundus an Gefühlserfahrungen dient hier als Instrument der Darstellung des Wahrgenommenen. Es kann auch andere Formen annehmen, wie z. B. in der Verbindung mit Jupiter, der das eigentlich Sinnenhafte darstellt und mit Bildern zu tun hat. Hellsehen wäre hier möglich, und das ist im eigentlichen Sinne visionär. Pluto kann sich auch mit Merkur zusammentun. Das hiesse: Hellhören.

Parapsychologische Fähigkeiten kann man genau im Horoskop erfassen. Die paar Beispiele sollen genügen.

Das sind Vorstufen oder Hilfsinstrumente für die geistige Entwicklung. Es gibt genügend Menschen, die solche Fähigkeiten haben, z. B. Jupiter Konjunktion Pluto. Sie haben viele Visionen, sie können anderen einiges sagen, aber sie selbst bleiben meistens in dieser visionären Fähigkeit stecken, und oft bilden sie sich zuviel darauf ein. Sie kommen nicht weiter und machen sich keine Mühe mit der Sache. Es ist ihnen quasi in die Wiege gelegt worden, und darauf bleiben sie sitzen. Das ist ein Nachteil und zeigt vor allem, dass diese Fähigkeiten, vor allem parapsychologische, keine Garantie dafür bieten, dass ein Mensch auch ein geistiger Mensch sein wird. Er hat nur eine gute Voraussetzung dafür. Solche Instrumente sind eine grosse Hilfe im Verhältnis zu den Menschen, die sie nicht zur Verfügung haben.

Die Flasche kann eine greifbare Vorstellung von einem ganzen Menschen, inklusive seiner geistigen Möglichkeiten geben. Wir können davon ausgehen, dass wir den grössten Teil unseres Lebens unten (in der Flasche) zubringen. Wir wollen uns keine allzu grossen Illusionen machen. Aber gelegentlich zieht es uns nach oben hin. Wir sollten das ernstnehmen, uns zuwenden und versuchen, etwas daraus zu machen. Denn oft zeigt sich, dass Schwierigkeiten, die im materiellen Bereich unlösbar bleiben, sich auf dem Weg nach oben fast wie von selbst lösen. Das setzt aber eines voraus: Wir müssen den materiellen Bereich ordnen. Das betrifft nicht nur das, was wir in den Hauptplaneten mit dem Persönlichkeitsbild des Ichs erfasst haben, sondern es betrifft auch die anderen vier Planeten, die Lebensorgane Mars und Venus, die kreatürlichen, rein körperlichen Funktionen und auch Jupiter und Merkur als die wesentlichen Voraussetzungen für Bewusstseinsfunktionen.

In allen vier Planeten können erhebliche Fehlfunktionen stecken, die bereinigt werden müssen. Dabei wird das Bereinigen immer schwieriger, je tiefer wir vordringen. Ich würde sagen: Was unten liegt, also bei Saturn, Mars und Venus, ist schwer, wenn überhaupt, veränderbar, weil es tief eingegrabene Verhaltensmuster sind. Man kommt nur schwer an sie heran. Das einzige, was man machen kann, ist, sie zu sperren. Das aber hat schwerwiegende Nach- oder Nebenwirkungen, Kompensationen, Verdrängungen, die kaum beherrschbar sind. Es würde ja heissen, die Triebnatur gewaltsam zu unterdrücken.

Leichter ansetzen können wir im Bereich Mond, Jupiter und Sonne im Kontakt zu einem geistigen Planeten. Nehmen wir an, irgend jemand entwickelt eine Form von Hellsichtigkeit oder zeigt Vorausschau (Präkognition). Ist er nicht genügend ausgerüstet, so wird er unter den guten und richtigen Dingen, die er sagen wird, auch Falsches sagen. Das ist das Phänomen, das die parapsychologische Forschung immer wieder in Bedrängnis bringt, denn es handelt sich um

Fehlfunktionen, die sie nicht erklären kann. Das sieht dann gegenüber der Wissenschaft wie Betrug aus. Man hat offensichtlich noch nicht die Merkmale entwickelt, um herauszufinden, woran es liegt, dass die einen Falsches produzieren und die anderen nicht. Das liegt am Zustand der unteren Planeten, die im Zusammenklang mit einem höheren Planeten eine solche Fähigkeit erst ergeben. Sind die unteren Planeten nicht einigermassen sauber, klappt das Ganze nicht, erzeugt es immer wieder Fehlfunktionen, ohne dass es der Betreffende merkt.

Wichtig sind dabei die Funktionen, die diese Planeten als Sinne haben. Die beiden Lichter sind eher Koordinationsstellen für Sinne, die wollende oder denkende Instanz, Sonnen-Ich, und die fühlende oder wünschende Instanz, Mond-Gefühls-Ich. Beide können das Ganze oder Teile über längere Zeit übernehmen und kontrollieren – je nachdem, wie sie im Aspektbild und im Häusersystem stehen, ob stärker oder schwächer, wird der eine oder andere die Kontrolle übernehmen.

Wenn wir die Stellung von Sonne und Mond prüfen und erkennen, welcher von ihnen besser einsetzbar ist, können wir uns richtiger wahrnehmen. Wir werden dann nicht versuchen, ein Verstandesmensch zu sein, wenn wir ein Gefühlsmensch sind. Wenn wir akzeptiert haben, dass wir ein Gefühlsmensch oder ein Verstandesmensch sind, dann haben wir die richtige Art und Weise, zu wirken. Wir mischen das, was wir an Möglichkeiten haben, optimal. Es kann dann aber noch immer sein, dass Fehler vorliegen in der Kombination mit höheren Planeten.

Im Zusammenhang mit der Entwicklung neuer Planeten besteht also die Aufgabe, dass man sich seine Sinnesfunktionen erarbeitet. Sie dürfen nicht vernachlässigt werden. In den Sinnesfunktionen können erhebliche Fehlerquellen liegen, die das Wohlfunktionieren dieser parapsychologischen Fähigkeiten in Frage stellen können, weil dann in den Resultaten Verfälschungen enthalten sind, die das Ganze wertlos oder mindestens dubios für die Umgebung machen.

Man sollte also erst die fünf Sinne entwickeln. Man ist sich z. B. nicht recht bewusst, dass man beim Essen zwei Planeten betätigt. Nicht nur das Schmecken, auch das Riechen gehört dazu. Die Nase kann die Nahrung fein differenziert entschlüsseln. Venus (Geschmackssinn) kann nur fünf Arten unterscheiden: sauer, süss, salzig, bitter, metallisch. Die Geruchszellen, die zu Millionen in der Nase, in den sogenannten Sinushöhlen, vorkommen (Mars – Geruchssinn), können Feinstunterscheidungen zusätzlich zu den fünf Grundunterscheidungen machen.

Der Mensch ist ein subjektives Wesen. Die Betonung liegt bei jedem Menschen anders. Aber die Beobachtung sollte doch so gut sein, dass das gesamte Bild vorhanden ist und nicht etwa durch die subjektive Betonung alles andere ausgeschaltet wird. Am besten entwickelt sich der Jupiter. Er kann in den Horoskopen recht verschieden stehen und entsprechende Resultate zeigen.

Voraussetzung ist also: Ein gewisser Grad an Klärung und Kultivierung der Sinne. So können sie auch im geistigen Zusammenhang arbeiten. Die neuen Planeten können nicht ohne weiteres ins Bewusstsein eingehen, sie brauchen Vermittlungsstationen in unserem bekannten Apparat. Also müssen in der Flasche unten Organe sein, die das, was die höheren Planeten hereinbringen an Erkenntnis und Einsicht, aufnehmen und wiedergeben. Von dem Grad der Entwicklung der unteren Planeten hängt eine verschieden gute Interpretation ab. Es gibt also auch Täuschungen und Illusion. So einfach ist das geistige Funktionieren nicht. Es setzt den Unterbau voraus. Wir müssen auch unten weiterarbeiten. Wir können nicht in der Flasche hochsteigen und das Unten vergessen.

Aspekte mit geistigen Planeten

Wenn Pluto, Neptun, Uranus keine Aspekte zu den Ich-Planeten haben, hat das nichts zu bedeuten. Dann berührt es eben die anderen Planeten, und man muss dort ansetzen. Bei *Merkur Aspekt Pluto* ist der Hörsinn angesprochen. Geistige Erkenntnis oder Vision stellt sich nicht unbedingt in einer Bildvision dar, sondern wird gehört oder kristallisiert sich in irgend welchen begrifflichen Formulierungen aus. Vielleicht kommt man auch erst zu geistigen Erkenntnissen, wenn man das ausspricht, was man innerlich ahnt. Man muss also seine Hör- und Sprechfähigkeit soweit wie möglich entwickeln, damit man den notwendigen Effekt erreicht.

Es muss also nicht unbedingt ein Hauptplanet betroffen sein. Es ist sogar günstiger, denn sonst wird ein Ich-Teil in der Persönlichkeit angesprochen, der dann schwieriger zu beherrschen ist, weil das Ich in persönlicher, eingeschränkter Weise reagiert. Sind nicht Hauptplaneten berührt, so ist das eher von Vorteil.

Ein *nicht aspektierter neuer Planet* als spezifisch geistiges Organ ist schwer direkt einzusetzen. Er kann aber gelegentlich unvorbereitet, plötzlich, schlagartig im Bewusstsein einbrechen und irgend etwas an Erkenntnis, Vision manifestieren, was oft schwierig in die Persönlichkeit zu integrieren ist. Da gibt es zwei Reaktionsmöglichkeiten: Entweder sich intensiv mit dem Wahrgenommenen auseinandersetzen, indem man sich um Auskunft bemüht, alles tut, um das Erlebte ins Bewusstsein zu integrieren oder sich dagegen verschliesst – »ich habe da gesponnen«. Dann aber ist es weg, verdrängt. Man geht dann vielleicht ein Leben lang an seinem Glück vorbei. Das geschieht leicht bei einem losgelösten Planoton, und kann mehrmals im Leben auftreten, meistens nimmt man es nicht ernst.

Es kann auch sein, dass solche Manifestationen in der Jugend vorhanden waren, aber von der Umgebung abgelehnt wurden. Ein Kind erzählt harmlos, was es erlebt hat, und die Umgebung straft es Lügen. – »Quatsch, du spinnst, das sind Einbildungen«. Dadurch gewöhnt ein Kind sich ab, auf solche Manifestionen noch zu hören und neigt ein Leben lang dazu, später auftretende Manifestationen zu verdrängen – was wesentlich auf Milieuwirkung zurückgeht.

Bei *Spannungsaspekten* mit höheren Planeten können geistige Qualitäten entwickelt werden, die über der Norm liegen. Natürlich handelt es sich bei roten Aspekten immer um kraftvolle Prozesse. Blaue Aspekte deuten eher darauf hin, dass man sich schon früher etwas errungen hat und jetzt mitbringt. Fertig werden muss man aber mit der Ausrüstung in diesem Leben, hier und jetzt. Rote Aspekte bedeuten eine Anstrengung, es fällt nichts in den Schoss. Es hat keinen grossen Sinn, von angenehmen / unangenehmen oder guten / schlechten Aspekten oder auch von Spannung / Entspannung zu reden.

Neptun verträgt rote Aspekte am wenigsten und leidet darunter. Psychologische Probleme produziert meist *Neptun Opposition Saturn*. Diese Opposition kommt eigenartigerweise recht häufig vor in unserer Generation, obwohl sie nur etwa alle 30 Jahre entsteht und etwa 3 Jahre wirksam ist. Sie macht etwas zu schaffen, weil zwei Prinzipien zusammenkommen, die sich gegenseitig sperren. Sie haben eine gewisse Verwandtschaft, sind aber von ihrer Konstitution doch völlig verschieden. Im Neptun haben wir aus der psychologischen Betrachtungsweise das Liebesideal. Die Idealvorstellung, die man von der Liebe hat, kristallisiert sich im Neptun aus. Das ist die eigene entwickelte Vision zur Liebe hin, die Leitvorstellung. Sie ist abhängig vom Milieu.

Die Liebesvorstellung, der Liebeswunsch, der persönliche Liebeswunsch, der sich im Mond niederschlägt (nicht das Liebesideal) »ich möchte geliebt werden auf die und die Art und von der und der Sorte Mensch« ist ja verwandt mit dem Neptun. Das bildet sich heraus im Kontakt zu den Eltern und ihrem Verhältnis zueinander, später dann an allen Liebesbeziehungen, die das Kind beobachtet. Wenn es sich nun auskristallisiert in einem meist unbewussten Prozess, dann kompensiert der Neptun die Schlechtigkeiten, die man mit dem Mond erlebt hat. Er muss immer eine Kompensation mit enthalten, sonst bleibt man am Mond mit all seinen Angeschlagenheiten hängen und ist nur frustriert. In irgendeinem Grad geschieht das bei jedem Menschen. Dabei darf es aber nicht bleiben.

Die Natur hat dafür gesorgt, dass der Neptun, wenn er schon nicht als rein geistige Funktion in uns wirksam wird (was eben doch gelegentlich passiert), jedenfalls eine Wirkung hat, nämlich dass er die Idealisierung der Liebe in einem unbewussten Prozess auffängt, sie sozusagen als Leitbild vorhält. Deshalb strebt jeder Mensch, bewusst oder unbewusst, nach einer totalen Liebe im Leben.

Im Falle Neptun Opposition Saturn kann die Mutter meist sehr gezielt oder durch ihr betontes Verhalten oft dieser eigenen Liebesideal-Vorstellung widersprochen haben. Sie kann recht eingeschränkte, meist nutzorientierte Zweckvorstellungen von der Liebe gelebt und gelehrt haben. Dadurch kommt die Liebesfähigkeit unter Spannung, denn das Ideal ist durch die Mutter widerlegt, erheblich eingeschränkt, modifiziert worden. Das führt letztlich zu einer Einengung der Liebesfähigkeit. Auch wenn der Mond noch so prachtvoll steht und alles mögliche an Liebeserleben bringen kann, so wird das Liebesideal irgendwie zu Frustrationen neigen, die man meist verdrängt, weil die Opposition zur Verdrängung geradezu anreizt. Ist die Opposition durch angereihte blaue oder grüne Aspekte entspannt, so ist meist eine Kompensation vorhanden. Kompensationen sind aber keine Lösung, nur ein Ausweichen, damit sich die Opposition nicht überspannt. Eine Opposition muss Entspannung haben, es geht nicht anders. Sie ist ein doppelt-saturnischer Aspekt. Sie hat zwei Formen der Wirkungsweise, nämlich die bewegliche (150°) und die starre (180°) Form. Die flexible Form ist stetige Bewegung und damit verbunden ein In-die-Ferne-streben. Der 150° – Aspekt hat beweglichen Saturn-Charakter. Die Opposition hat statische, stabil-saturnische Wirkung, es ist die Kristallisationswirkung, die Starre.

Die Opposition

Wenn zwei Planeten in Opposition geraten, staut sich zwischen ihnen die beiderseitige Energie auf (denn jeder Planet hat Energie). Weil sie sich gegenseitig festhalten, verwenden beide ihre Energie dazu, sie in die Opposition zu leiten, wo sie sich festlaufen. Die Energie lädt sich immer mehr auf wie ein Akkumulator, sie muss irgendwann wieder abgelassen werden.

Das kann über Aspekte geschehen, die von den Oppositions-Planeten zu einem dritten Planeten fliessen. Ein Aspekt genügt, wodurch Ableitung gewährleistet wird. Die Energie kann dann ständig oder schubweise abströmen und wird in Leistung oder Genuss umgesetzt. Das ist Kompensation: Es wird Luft, Dampf abgelassen. Dadurch kommt man aber nicht vorwärts. Wenn man sich bemüht, können auch schöpferische Kräfte freigemacht werden. Das setzt eine gewisse Kultivierung der Selbstbewusstheit voraus und geschieht nicht automatisch.

Es gibt auch den Fall der losgelösten Opposition, die keine Aspekte empfängt, sozusagen frei im Raum steht. Sie hat keine natürliche Ableitung und kann auch nicht einfach kompensieren. Sie hat einen zusätzlichen Nachteil. Sie ist vergleichbar mit einem Kondensator, er wird auch mit Spannung aufgeladen. Ist er voll, muss er sich entladen, irgendwann springt der Funke über. Diese Entladung ist ungesteuert im Unterschied zu der Entladung über Aspekte. Letzteres ist eine Kompensation, ersteres ein Ausbruch.

Die freistehende Opposition bricht gelegentlich aus, damit sie sich entladen kann. Das kann Schaden anrichten, Rückwirkungen haben. Deshalb ist die Ableitung über Aspekte eine Hilfe, die Energie konstruktiv einzusetzen. Dann kann sich die aufgestaute Spannung auch schöpferisch auswirken. Das ist ein Weg, der mit Entwicklung zu tun hat.

Die Rolle Saturns für die geistige Entwicklung

Die Opposition mit Saturn ist vielleicht der stärkste Aspekt, der uns zwingt, durch den Flaschenhals hochzusteigen.

Man weiss aus esoterischen Büchern, dass Saturn der Hüter der Schwelle ist. Er lässt uns nicht frei, bevor wir nicht unten das Problem bereinigt haben. Dann erst entlässt er uns in den Flaschenhals. In der Figur (Flasche) ist der Saturn nicht nur unten zu Hause (dort gleichsam das Gewicht in dem Stehaufmännchen Mensch), sondern er ist auch die Glaswand selbst, sie ist etwas Stabiles. Jede Form, alle Körperlichkeit ist saturnisch. Er steht am Flaschenhals und sagt »erst noch sauber machen da unten«. Das ist die Wirkung des bekannten »Hüters der Schwelle«. Wir machen diese Anstrengung nicht gern, weil oben die Glaswand durchlässig wird. Wir haben Angst, die Sicherheit zu verlieren, die uns der Saturn vorher gegeben hat.

Oft wird gesagt, dass Saturn nur Verzicht bedeutet. Ich halte Verzicht für einen in diesem Zusammenhang gefährlichen, zumindest missverständlichen Begriff. Dass Verzicht im Zusammenhang mit saturnischen Themen gelegentlich eine Rolle spielt, ist bekannt. Man darf aber Saturn nicht mit Verzicht identifizieren, sondern mit Grenze.

Wo es um geistige Fortschritte geht, kann ich an der Sicherheit nicht mehr festhalten. Da muss ich den Sprung wagen. Er kann aus unserer Sicht irgendwohin führen. Diesseits des Sprungbrettes sieht alles, was jenseits ist, zerfallen, aufgelöst und chaotisch aus. Das ist normal und menschlich, stimmt aber nicht. Ob wir von »Verzicht, Loslassen, Abspringen oder den Sprung ins Leere wagen« sprechen, ist nicht so wichtig, bloss muss sich jeder sein eigenes Wort aussuchen.

Wir sprechen in diesem Zusammenhang auch von Einweihung in dem Sinne, dass uns da ein Wort, eine Formel, ein magischer Schlüssel übermittelt würde. Jeder muss das

Wort oder den Begriff für sich herausfinden, auf den hin sich Saturn bereit erklärt, den Griff loszulassen, so dass man springen kann. Für jeden ist es ein anderes Wort, das genau auf ihn passt. Wir können kein allgemeines Rezept geben, keinen Schlüsselbegriff, der allen genügt. Jeder muss den Schlüssel selber finden.

Unsere Ichheit findet im Saturn ihre stärkste Ausformung, im sogenannten physischen Ego. Aus der traditionellen Astrologie wissen wir, dass starke Saturn-Aspekte auf eine Verhärtung des Ego deuten. Es hält sich an (scheinbaren) äusseren, materiellen Sicherheiten fest. Dieser kristallisierte Ichkern muss aufgeweicht werden, damit er durchlässig wird. Hierzu sind Stufen und Prozesse der Entwicklung notwendig. Da gibt es dann ein Loslassen der Rollenfunktionen und die Erkenntnis, dass das Materielle vergänglich ist. Jeder muss für sich herausfinden, wo seine härteste Schicht in dieser Form ist, und er muss darauf verzichten. Auf jeden Fall ist es ein Prozess des Stirb und Werde. Dann ist Saturn nicht nur der Hüter der Schwelle, sondern gleichzeitig der grosse Einweihende: Er nimmt uns an die Hand und lässt uns durch den Flaschenhals in höhere Dimensionen ein. Der Flaschenhals ist aus Glas, auch wenn er transparent ist, das ist Saturn-Funktion. Solange wir Menschen sind, die in einem physischen Körper leben, ist Saturn mit dabei und nicht zu verleugnen.

Integration und Psychosynthese

Ich habe mit dem letzten Teil aufzuzeigen versucht, dass es letztlich bei Persönlichkeitsproblemen nur die Flucht nach vorn gibt. Das Zurücksinken und sich Eingrabenwollen in die Vergangenheit nützt nichts.

Die Flucht nach vorn bedeutet die Anstrengung, am Beispiel der Flasche, es durch den Flaschenhals zu schaffen, die Überwindung der Angst vor den eigenen Schwächen und Gewohnheiten, vor der grossen Leere oder was immer die spezifische Art der Angst ist.

Der Integrationspunkt muss da sein, wir müssen eine Zielrichtung haben. Um im Sinne einer Integration auf das Persönlichkeitsganze einwirken zu können, müssen wir einen Zielpunkt ansteuern. Vorwärtsgehen auf diesen Zielpunkt hin heisst: Das Nicht-Integrierte langsam in eine Gesamtwirkung einbinden – wobei wir auch rückwärts arbeiten müssen, etwa im Sinne der Kultivierung unserer Wahrnehmungsorgane. Die Zielsetzung aber liegt im Vorwärts zum Geistigen, zum Wachstum hin.

Der Integrationspunkt lässt sich aus der Stellung der neuen Planeten im Horoskop feststellen. Das sind Ziele, die immer vorwärts im Raum und in der Zeit liegen. Das ist eine geistige Wahrheit.

Damit müssen wir uns ausrichten, zu einer Entwicklung kommen, die uns zu einem verbesserten oder kultivierteren Zustand unseres eigenen momentanen Zustandes führt. Die Persönlichkeit hat in ihrem teilweise integrierten Zustand immer auch irgendwelche deutliche Fehlfunktionen. Sie können aber nicht dadurch gelöst werden, dass wir an ihnen basteln, sondern indem wir vorwärts schauen.

Die Zugkraft der neuen Planeten ist, was die Persönlichkeit selbst betrifft, am stärksten beim Pluto. Das setzt voraus, dass man sich mit der Klärung dieses Leitbildes befasst. Wir sollen uns aber mit allen drei Leitbildern auseinandersetzen. Man muss sich also fragen »Wie möchte ich irgendwann, in einer ferneren Zukunft sein, wenn ich aus meiner jetzigen Sicht perfekt bin?«. Diese Frage muss man sich unbedingt stellen. Man darf nicht meinen, man sei schon perfekt, weil man sich es vorstellen kann, wie es sein könnte. Dieser Fehler wird gemacht. Man muss den Realsinn behalten und sich sagen »Da bin ich jetzt, das und das fehlt mir noch«. Diese Perfektion muss man wollen und darf sich keine räumlichen und zeitlichen Grenzen setzen.

Man muss sich auch fragen »Was möchte ich alles verstehen von der Welt?«. Die Fragen, die Uranus stellt »Wie ist die Welt beschaffen?. Was für Naturgesetze enthält sie? Wie kann ich mit diesen zusammenarbeiten? Wo sind die Wege auch für andere, wie kann ich anderen helfen?« und ähnliches mehr. Das ist der Wissenschaftler. Jeder hat ihn (Uranus), jeder ist ein Forscher, man muss ihn nur ansetzen, loslassen und sich Fragen stellen, je exakter, um so besser, in den exakten Fragen liegt bekanntlich schon die Antwort.

Wir müssen uns auch fragen »Was halte ich eigentlich von der Liebe?« nicht nur in Bezug zu den Menschen um mich herum, die habe ich täglich und kann mich darüber auch ärgern, sogar über mich selbst, das ist status quo, aber: »Was erwarte ich von der Liebe in irgendeiner Zukunft, da es vielleicht einmal perfekte Liebe gibt?«. Man will ja mitarbeiten auf die perfekte Liebe hin, man weiss, alleine kann man sie nicht schaffen, aber man kann das Seine dazutun, um ihr näher zu kommen; wenn andere das auch tun, wird uns das alle dahin führen. Mit der Liebe haben wir es mit dem Du, den Mitmenschen, allen Menschen, der Menschheit an sich, mit irgendeiner Grössenordnung des Menschseins zu tun; mit dem Menschsein als Qualität, vor allem als Qualität der Begegnung, des Zusammenseins.

Das sind Zielsetzungen. Da sind Formulierungen fällig, an denen jeder für sich arbeiten muss. Die Antworten kann ihm niemand geben, man kann sie nirgendwo beziehen oder nachlesen in Büchern, das ist keine Kiloware auf dem Markt, auch wenn sie scheinbar in Büchern verkauft wird. Nur selbst kann man sie formulieren, so wie es die Bauart, das eigene Horoskop zulässt. Denn das Horoskop hat man ja nicht zufällig bei der Geburt nachgeworfen bekommen, sondern es hat sinnvolle Wurzeln, die man zwar nicht erkennt aus dem jetzigen Bewusstseinszustand heraus, aber es hat sinnvolle Wurzeln in der Vergangenheit und sinnvolle Zielsetzungen in der Zukunft. Diese zu entdecken ist wesentlich, wesentlicher, als die Vergangenheit zu verstehen mit ihren schönen Dingen, aber auch ihren Rechnungen, die man zu begleichen hat.

Der Alterspunkt und die geistigen Planeten

Diese höheren Funktionen stehen jedem Individuum zur Verfügung. In ihnen ist kein Ich, sie wirken unpersönlich. Jedes Individuum kann diese höheren Kräfte erreichen und aktivieren, wenn es sein Bewusstsein darauf einstellt.

In einem Fall gelingt das besonders gut: Geht der Alterspunkt über einen der neuen Planeten, kann das stark wirksam werden, betrifft den Menschen existentiell. Meist kommen wesentliche Situationen, wie z. B. Krisen zustande. Hiermit muss ich mich dann mit dem Kollektiv und dem Generationenproblem auseinandersetzen. Bei Pluto geht es um das eigene Selbst in der höchsten Potenz. Er leitet dazu an, zur eigenen Perfektion hin zu wachsen. Jeder hat von sich eine Perfektionsvorstellung, die er erreichen möchte. Wenn da das Kollektiv hineinwirkt, muss ich mich mit meiner eigenen Generation und ihren, sagen wir, kollektiv-typischen Auffassungen auseinandersetzen, um eine wesenseigene Art herausschälen zu können. Gelingt das nicht, laufe ich ins Diffuse wie die meisten. Viele Menschen machen sich keine Mühe, sich mit ihrer eigenen Zielqualität, mit ihrer eigenen Generation auseinanderzusetzen. Die Gesamtgeneration ist ihnen gleich. Näheres darüber lesen Sie im 2. Band der »Lebensuhr im Horoskop«, Seite 169-179 und 188-191.

Horoskope ohne geistige Planeten

Welche Bedeutung sie für uns haben, können wir durch folgenden Versuch feststellen:

Wir können als Übung die drei neuen Planeten herausnehmen und das Horoskop mit den verbleibenden Aspekten betrachten. Dann können wir ungefähr den Wert entnehmen, den die neuen Planeten im Horoskop ausmachen. Es gibt Horoskope, die sich ohne sie fast nicht verändern und solche, bei denen dann nichts mehr zusammenpasst. Wird das Horoskop durch die Aspekte der neuen Planeten grossräumiger, so ist das ziemlich wichtig im Zusammenhang mit dem geistigen Wachstum. Manche Horoskope leben schlicht von den neuen Planeten, ohne sie sind sie wenig oder nichts.

Ich will als Beispiel mein eigenes Horoskop nehmen:

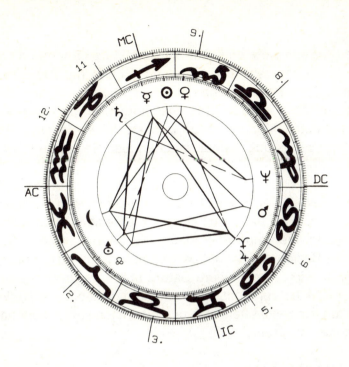

Der Autor
29.11.1930, 12.55, Zürich

Der Zustand meiner Hauptplaneten: Sonne 6°30' am Talpunkt 9. Haus ist nicht grossartig, so in der Mitte stark vom Zeichen her, aber im Talpunkt. Dem Mond ergeht es nicht viel besser: 20°, schon etwas abwärts mit den Kräften, in den Talpunkt hineinlaufend. Saturn mit 10° ziemlich stark im Zeichen und einigermassen in Nähe zur Hausspitze. Ihn muss ich wesentlich als Ich-Planet gebrauchen, was ich erst nach einiger Zeit gemerkt habe (die Umwelt hat nicht gern Saturn als Ich-Planet).

Und nun der Zustand der neuen Planeten: Nimmt man Uranus weg, entfallen die Aspekte zu Saturn und Mars. Nimmt man Neptun weg, entfallen die Aspekte zu Sonne und Saturn. Saturn steht also nackt da. Sonne hat Aspekte zu Neptun und Uranus. Ohne sie steht auch die Sonne nackt da. Mit Mond wäre einiges anzufangen, er hat Aspekte zu Mondknoten, Merkur, Venus, Jupiter. Die wegfallenden Planeten Uranus und Neptun machen also Sonne und Saturn aspektlos.

Ich will erwähnen, wie sich das in meinem Leben ausgewirkt hat. Zum Vater hatte ich keine starke Beziehung entwickelt, das zeigt die Talpunkt-Stellung. Zur Mutter hatte ich eine starke Beziehung. Sie hat zwar nicht bemutternd im üblichen Sinn gewirkt – sonst wäre Saturn unten gewesen – sie hat im 11. Haus versucht, mich ethisch zu beeinflussen, was ich mit mir geschehen liess und woran ich später sehr habe arbeiten müssen.

Insgesamt haben beide Eltern nicht viel getan, um mich in ihrer Familiengemeinschaft zu verwurzeln. Ich kam mir schon als Kind wurzellos vor. Beim Übergang des Alterspunktes über den Uranus bin ich davongelaufen, nachdem meine Mutter gesagt hatte, sie wolle ein so böses Kind nicht mehr haben. Darauf bin ich gegangen (Uranus Quadrat Saturn).

Nimmt man die zwei neuen Planeten weg, sind die Vater- und Mutter-Planeten wurzellos. Ich musste sie selbst entwickeln. Damals, als ich von der Mutter wegging, habe ich mich innerlich völlig verlassen gefühlt. Ich war von da an bewusst wurzellos und habe mir neue Wurzeln suchen müssen. Ich habe sie erst gefunden, nachdem sich mir ein geistig vertretbarer Weg eröffnet hat, aktiv zu werden und mit Menschen zusammenzuarbeiten.

Ein zweites Beispiel: Albert Einstein

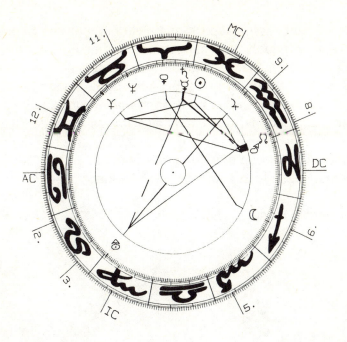

Albert Einstein
14.3.1879, 11.30 h in Ulm/BRD

Ein losgelöster Neptun. Nehmen wir Pluto und Uranus weg, bleibt ein kärglicher Rest. Markant ist Uranus als Spannungsherrscher im intellektuellen 3. Haus: Uranus der Wissenschaftler. Pluto macht drei Aspekte. Nimmt man ihn weg, bleiben noch ein paar Aspekte. In mancher Beziehung besteht kein Zusammenhang mehr, ein lockeres Bündel von Aspekten, das nicht allzuviel ergibt. Wir wissen ja, was Einstein geschaffen hat. Das hängt wesentlich mit Uranus zusammen. Mit den übrigen Stellungen lässt sich das nicht begründen: Planeten um die Zeichengrenzen und Talpunktnähe zeigen keine starke Stellungen. Mit Venus kann man nicht allzuviel machen, wenn der Mond dabei steht (damit hat er Geige gespielt, viel Einfühlung).

Dazu kommt noch, dass Uranus nicht nur mehrere Aspekte hat, sondern auch Spannungsherrscher ist. Er steht genau gegenüber dem Planetenhaufen – ausgenommen der Mond. Wenn ein Spannungsherrscher einer eng versammelten Planetenballung gegenübersteht, dann wird er zum eigentlichen Thema des Lebens. In diesem Falle Uranus, einer der geistigen Planeten. Er musste zum Wissenschaftler, zum Forscher werden. Dazu noch das Jungfrau-Zeichen, die Akribie, und das intellektuelle 3. Haus. Der Fall ist klar.

Das Negativbeispiel: Ulrike Meinhof

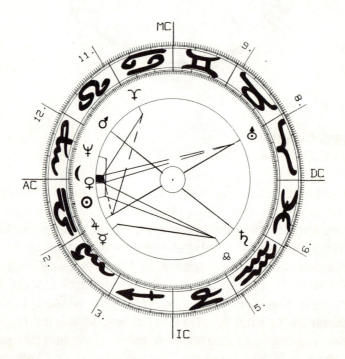

Ulrike Meinhof
7.10.1934, 05.26 h in Oldenburg/Old.

Ihr Radix ist komplex gelagert. Uranus liegt, ähnlich wie bei Einstein, dem Planetenhaufen gegenüber, hat aber nur einen ausgeprägten und einen schwachen Aspekt. Man kann ihn nicht als einen richtigen Spannungsherrscher ansehen. Er hat nicht genügend Tragkraft, weil er nur wenige Aspekte zur Verfügung hat, die nicht in den Planetenhaufen hinein wirken, sondern etwas neben hinaus zum Jupiter wirken, der schwach verbunden ist mit Hauptplaneten.

Saturn ist losgelöst und ist im Zusammenhang mit Uranus zu sehen. Das ist, nach der Lagerung, ganz sicher ein starkes Mutterproblem, eine losgelöste Mutter. Ein alleinstehender Saturn bringt meist auch eine schwierige Uranus-Stellung, die schwer integrierbar ist. Die Versuche, im Leitbild des Uranus fehlende oder falsche Mutterfunktionen zu ersetzen, bzw. zu kompensieren, sind dann schwierig, wenn von der Mutter wenig Information vorliegt. Ihre Mutter war zwar vorhanden, hat sich aber als stark intellektuelle Mutter um das Kind kaum richtig gekümmert. Infolgedessen hat Ulrike Meinhof zu wenig Möglichkeiten gehabt, an der Mutter Grundqualitäten der Lebenssicherung abzulesen. Es ist also ein Sicherheitproblem, wenn Saturn abgehängt steht. Dazu kommt der Talpunkt im 5. Haus. Hier kommt er sich exponiert vor und weiss nicht, wie er sich absichern soll.

Daraus genügend Information abzuleiten, um ein genügendes Entsprechungsleitbild zu gewinnen, ist schwierig. Was macht Uranus als Kompensation für das Fehlen eines Mutterleitbildes? Er entwickelt wissenschaftliche Fähigkeiten im Menschen, denn Wissenschaft hat ja grundsätzlich mit Entwicklung höherer Sicherheit zu tun. Deshalb sind Uranus und Saturn verwandt. Saturn sucht Sicherheit da, wo er heimisch ist. Da versucht er, durch Best-Organisation und sicherste Abschrankung alles zu regeln. Uranus sucht die

Sicherheit nicht nur in der etablierten Sicherheitszone, sondern in der Dynamik, indem er nach neuen Sicherheiten sucht, über das Gewohnte hinaus. Das ist die Haltung des Forschers, des Wissenschaftlers.

Saturn reagiert statisch, durch Grenzsetzung: Sich einmauern und sich nicht bewegen, doch aus allen Rohren schiessen, wenn es gefährlich wird – Sicherheitsdistanzen müssen eingehalten werden! Uranus dagegen versucht, den Gefahren dadurch zu begegnen, dass er ihre Gesetzmässigkeiten zu erkennen versucht. Das ist der Sinn und die Funktion der Wissenschaft.

Ulrike Meinhof hat sich wissenschaftlich denkend empfunden. Sie war überzeugt, sie schlage ein wissenschaftliches Lösungsideal vor und habe die Antwort auf alle Fragen. Das ist aber pseudowissenschaftlich gewesen, denn sie konnte nicht genau wissen, was wissenschaftlich ist, da bei ihr keine Anknüpfungsmöglichkeiten an die Ursubstanz für das wissenschaftliche Suchen und Forschen vorhanden waren.

Ausserdem ist es keine Erleichterung für das Forschen, wenn Jupiter – die Sinnesorgane als Beobachtungsinstrument – sich gegen die uranische Qualität sperrt (Jupiter Opposition Uranus). Sie hat Systemideen entwickelt, ohne sich in der Realität durch die Sinne zu überzeugen. Das war der Anfang vom Ende. Damit hat sie sich auf eine einsame Strasse begeben, die keinen Realitätsbezug mehr hatte.

Man kann die Stationen mit dem Alterspunkt verfolgen. Beim Übergang über den Uranus hat sie sich das Leben genommen.

Wir haben hier ein negatives Wahrnehmen eines geistigen Planeten (Uranus). Er ist ungünstig in das Ganze hineingestellt und kann weniger gut integriert werden. Bei Saturn ohne Aspekte ist immer ein Thema, ein innerer Zusammenhang zu sehen. Die beiden hängen in ihrer Ausformung letztlich voneinander ab: Uranus vom Saturn, aber auch Pluto von der Sonne und Neptun vom Mond. Denn es bildet sich jeweils am Hauptplaneten, am Persönlichkeitsplaneten, das Leitbild, das der geistige Planet darstellt, immer kausal zusammenhängend und abhängig voneinander.

Hier besteht eine schlechte Voraussetzung für die Bildung eines guten, positiven Leitbildes für den Uranus. Für das echte Forschen wurde hier das Übernehmen von nicht an der Realität entwickelten Leitideen gesetzt. Hinzu kommt, dass Sonne und Mond nicht dagegen wirken können, weil sie nicht besonders gut gestellt sind. Besonders der Mond leidet im 12. Haus darunter, dass er emotional nicht genug zum Zuge kommt. Das zeigt nochmals: Mond, das Kind, war isoliert in der Einsamkeit, sich selbst überlassen. Das passt zur Mutter, die keinen Bezug zum Kind hatte.

Wir müssen auch negative Wirkungen betrachten, die sich nachprüfen lassen. Hier ist eine, durch die Jupiter Opposition Uranus angezeigte, ungünstige Voraussetzung für das, was Jupiter eigentlich sollte, nämlich zum Forschen anregen. Jupiter sagt hier das Gegenteil: Er verweigert die Mitarbeit beim Forschen. Er müsste ja die Forschungssubstanz, das Material für die geistige Verarbeitung durch das Beobachten der Realität liefern. Das kann er in dieser Position aber nicht. Infolgedessen wird er zu einer fixen Idee. Uranus neigt, wenn er nicht richtig funktioniert, zu fixen Ideen, zu Systemideen. Man hat irgendeine Antwort parat, die alles erklärt, bewältigt, erledigt. Das ist an sich uranisch. Dazu kommt, dass er am Anfang des Stier-Zeichens steht. In diesem Fall macht der Stier unbedingt stur. Ausserdem steht er an der

Spitze des achten, eines fixen Hauses. Das alles hilft nicht, ihn etwas beweglich zu machen, ihn durch Anreize vielleicht doch an die Realität heranzubringen. Vielmehr wird die fixe Idee noch durch Haus und Zeichen verhärtet. Das Bilden von fixen Ideen ist eine klassische negative Ausformung eines nicht bewältigten Uranus. Hier ist von den Persönlichkeitsplaneten aus gesehen etwas Besonderes: Ein Ich-Planet, Saturn, ist losgelöst. Es wird immer wieder gefragt, ob ein losgelöster Ich-Planet eine Desintegration der Persönlichkeit darstellt oder gar eine Schizophrenie etc., weil die drei Ich-Faktoren nicht über das Bewusstsein zusammenspielen können.

Das Aspektbild ist bekanntlich das Bewusstseinsbild. Das ist der Strukturplan der Schaltungen oder Ströme in unserem Bewusstsein. Da sind oft nicht alle Figuren aneinandergeschlossen. Das heisst aber noch nicht, dass ein Mensch dann schizophren ist.

Was bedeutet es in der Realität, wenn ein Hauptplanet, z. B. Saturn losgelöst ist? Bei Ulrike Meinhof könnte man sagen: Hier lag ein Konflikt mit der gegebenen Realität vor; sie konnte die Dinge nicht so sehen, wie sie wirklich sind, weil der Saturn nicht ins Bewusstsein eingeschlossen ist. Saturn ist ja die Form, die Gegebenheit, das, was geworden ist, die traditionelle oder gegenwärtige Realität, alles, was sich entwickelt hat bis zu einem bestimmten verhärteten Zustand, der erkennbar ist. Der losgelöste Saturn weist erstmals auf ein Mutterproblem hin, also auf eine mangelnde Sicherheitsmechanik, die natürlicherweise notwendig ist, um überhaupt lebensfähig zu sein. Alles Theoretische konnte für sie wie Realität aussehen und wurde so traumatisch, hart und stark wirksam. Die Realität hat sich für sie als feindlich dargestellt, gegen die sie mit allen Mitteln angehen musste.

Interessant beim Alterspunkt ist, dass ihre Gehirnoperation exakt beim Übergang von Saturn stattgefunden hat.

Es fällt folgendes auf: Beim Übergang über 20° ist sie Mutter geworden und hat Zwillinge bekommen, und ein paar Monate später hat man einen Tumor im Kopf entdeckt und operiert. Bei einer hier hinfallenden Halbdistanz hat sie die Zwillinge gehabt. Mit einem losgelösten Saturn Mutter zu werden, ist eine Aufgabe. Man hat ja gar nicht die Reflexe, die zum Kinderhaben gehören. Man könnte sagen, sie ist echt an der Mutteraufgabe innerlich gescheitert, und es ist zu der Tumorausbildung im gefährlichen Grade gekommen. Natürlich ist er nicht da erst entstanden, aber solche Tumore haben ja die Eigenschaft, wieder völlig zurückzugehen, wenn psychologisch für sie die Ausgangsbasis behoben ist. Hier ist der Tumor durch das Haben der Zwillinge geradezu geschürt worden, ist schubartig ausgebrochen, zu einer gefährlichen Grösse angewachsen. Man konnte ihn nicht herausoperieren, hat eine Klammer herumgelegt, er hat aber nach wie vor auf das Thalamuszentrum, auch auf das Stammhirn gedrückt. Er musste über kurz oder lang wahrscheinlich Veränderungen erbringen. Von da an hat sich ihre Persönlichkeit stark verändert.

Ob nun die Möglichkeit gross oder klein ist, es gibt in jedem Horoskop Möglichkeiten für einen positiven Weg, gewisse Schaltpunkte, die eine Umschaltung möglich machen. Wenn man eine Stelle verpasst hat, gibt es irgendwann wieder eine, sie kann aber schon der Punkt des Versagens sein.

Bei Ulrike Meinhof hätte es noch einen Punkt gegeben, im Bereich um den Saturn herum. Hätte sie da geschaltet, mit oder ohne Hilfe, wäre sie beim Uranus vielleicht hochgekommen, hätte da zu den richtigen Werten umschalten können.

Es wäre eine weitere Stufe gewesen. Da sie an früheren und späteren Punkten nicht geschaltet hatte, musste es beim Übergang des Alterspunktes über Uranus fast sicher zum Ende kommen.

Als Mitmenschen können wir auf das Schalten immer nur einen geringen Einfluss nehmen. Wir können unsere Hilfe anbieten, auch unser Möglichstes tun, die Hilfe so anzubieten, dass der andere sie annehmen kann. Aber wir können nicht erzwingen, dass er auch versteht, was wir meinen. Das ist letztlich seine Entscheidung und liegt in seinem Schicksal. Woher das kommt, können wir sowieso nicht durchschauen.

Das Problem ist eben nicht nur ein Generationsproblem, es ist auch ein ganz persönliches. Beides hat sich bei Ulrike Meinhoff kumuliert. Wäre das Persönlichkeitsproblem, die Mutter-Stellung günstiger gelagert gewesen, dann wäre das besser ausgegangen.

Exakt auslösend, den Zeitpunkt bestimmend, sind ja oft Transite oder Progresse. Es kann aber nur etwas geschehen, wenn der Alterspunkt eben von der Thematik her, die er gerade hat, es möglich macht.

Ihre Mittäter wollten mit Hilfe der Anwälte erreichen, dass möglichst wenig Strafe dabei herauskommt. Ulrike Meinhoff aber wollte gerade auf das Ganze gehen. Die anderen haben alle eine andere Meinung gehabt. Zum Schluss – beim AP-Übergang über den Uranus – hat sie alleine dagestanden. Das passt genau zu dem Zielstrecken-Kollaps vor der Achse. Wenn sie verlassen wird, ist es aus, kann sie nichts mehr machen, ist sie isoliert. Das war das Ende.

Die geistigen Planeten als Leitbilder für die Menschheit

Die geistigen Planeten sind generationenwirksam, weil sie so langsam laufen. Durch ein Zeichen geht der Uranus 7 Jahre, Neptun durchschnittlich 14 Jahre, Pluto (sehr ungleich) bis zu 32 Jahren wie im Widder und Stier, in der Opposition dazu (derzeit 1984) 12 bis 14 Jahre. Sie stehen also während mehrerer Jahrgänge in denselben Zeichen. Aber dadurch, dass die Menschen sich heute nicht mit ihrer eigenen Generation auseinandersetzen, wie gerade beschrieben, durch dieses »Egal-Gefühl«, durch diese Passivität, kommt es zu den Generationskonflikten. Die Pluto / Krebs-Generation, etwa 30 Jahrgänge, 1912-1937/38, hat mit der folgenden Pluto / Löwe Generation in den sechziger, siebziger Jahren diese Auseinandersetzung gehabt: Studentenrevolte und die Bewegung in der jungen Generation. Das ist bei solch gegensätzlichen Zielvorstellungen natürlich. Diffus, wie Kollektivvorstellungen sind, musste das zu Zusammenstössen führen.

Bei Pluto im Krebs ist es ein Gleichheitsideal, das aus dem Gefühl herkommt, die Demokratie-Vorstellung von Pluto in der Krebs-Zeit. Von 1912-1938 fielen sämtliche Hierarchien und Monarchien zusammen. Es war die Zeit, in der sich die Demokratie als Leitidee durchsetzte. Dem trat als persönlichste Ausformung die Forderung zur Seite: »Alle Menschen sind gleich«.

Die Generation mit **Pluto im Löwen** sagte: »Alle Menschen sind gleich, aber einige hier sind gleicher«. Das gab natürlich Probleme. Da wird sichtbar, wie mit diffusen, halbwertigen Definitionen ganze Kriege vom Zaun gebrochen werden können. Der Bürgerkrieg war nahe!

Ich habe viel mit dieser Generation zu tun bekommen. Nachdem ich versucht hatte, ihnen klarzumachen, was der Pluto im Löwen bedeutet, haben sie angefangen, anders zu reagieren. Sie haben ihre Massenideen völlig umgekrempelt, sind zu eigenen Einstellungen gekommen und haben, obschon sie immer Worte wie z. B. sozial und ähnliche im Munde führten, plötzlich entdeckt, dass sie eigentlich zu sich selber finden, dass sie jemand ganz Besonderes sein wollen. Das war aber vorher vom Kollektiv nicht zugestanden. Es war nicht erlaubt, ehrlich zu sein, seine eigene Prägung wirklich zu verfolgen.

Die Plutonier der Krebs-Generation haben nicht viel Besseres geleistet. Auch sie haben ihre Bedürfnisse wenig ausprobiert. Nur wenige aus dieser Generation haben das gemacht, was sie gedacht haben. Das setzt voraus, dass wir es auf uns ganz persönlich beziehen und für uns selbst dann auch verwirklichen. Das waren die Menschen, die moderne soziale Institutionen geschaffen haben, vor allem die vielen Heime für Sozialgeschädigte, Kranke besonderer Art, für schwererziehbare Kinder usw. – die Krebs- und Heim-Idee.

Die Generation, die Pluto im Zwilling hatte, schuf die geistige Voraussetzung für das, was nachher kam. Ich kenne Menschen mit Pluto im Zwilling, die zu den oberen Schichten gehörten und in ihren jungen Jahren den Kommunismus gelobt und die tollsten Philosophien aufgebaut haben mit der Begründung: Weil man jung ist, ist man dafür. Pluto im Zwilling hat auch Menschen hervorgebracht, die ganze Philosophien entwickelten, die positiv das neue Menschenbild herauszuschälen versuchten.

Diese Zeit hat auch, als äussere Wirkungen, die Kommunikationsmittel Eisenbahn, Schiffahrt, Autos und Flugzeuge hervorgebracht. Geistig hat sie die Philosophien geschaffen, die später zu Demokratie, zu Gleichheit in gewissen Dingen, aber auch später im Krebs-Zeichen zur Vermassung geführt haben.

Mit diesen Betrachtungen kann man Geschichte erkennen. Mit den Aspekten zwischen den neuen Planeten und mit Jupiter und Saturn lässt sich die Geschichte der Moderne bis ins Detail beschreiben. Aber nur Pluto und die Unterphasen, die Neptun und Uranus erzeugen, ergeben eine ziemlich umfassende und gründliche Geschichtsbeschreibung in dem Sinne, dass sie die wesentlichen Ursachen klar aufzeigen kann. All die Bewegungen, die in den letzten 150 Jahren stattgefunden haben, sind wesentlicher und logischer zu erkennen. Sie wirken tatsächlich ideenschaffend für die Masse, wirken für das Kollektiv als Leitidee, sind Ideale einer Zeit, werden zum Zeitgeist.

Verlagsverzeichnis 1984

Lehrbücher in Astrologischer Psychologie

Bruno und Louise Huber: *Die Berechnung des Horoskops*
Die astrologischen Häuser
Lebensuhr im Horoskop, Band I
Lebensuhr im Horoskop, Band II

Louise Huber: *Die Tierkreiszeichen. Reflexionen, Meditationen*

Autodidacta-Bände (DIN-A 5)

Bruno Huber: *Die Persönlichkeit und ihre Integration*
Liebe und Kontakt im Horoskop
Intelligenz im Horoskop
Pluto in den zwölf Häusern

Louise Huber: *Was ist esoterische Astrologie*
Astrologische Entwicklungspsychologie
Dynamische Auszählmethode Teil II: Deutung

Michael-A. Huber: *Die Dynamische Auszählmethode Teil I: Berechnung*

Alexander Ruperti: *Die Knoten des Mondes und der Planeten*

Richard Idemon: *Astrologische Archetypen und ihre Schatten*

Robert Mittelstaedt: *Freiheit oder Schicksal – Die astrologische Gewissensfrage*

Leonore Stapenhorst: *Die Weltordnung des I Ging*

Astrolog Zeitschrift für Astrologische Psychologie

Hilfsmittel und Formulare

Bücherliste »Wissenschaften des Menschen«

Bitte verlangen Sie einen ausführlichen Prospekt.

**Verlagsauslieferung, Michael-A. Huber
Badenerstr. 39, CH-5452 Oberrohrdorf**